# Commercial
# Break

Zab!

The humorous look at ads from the land of smiles

# Commercial
# Break

Suthisak Sucharittanonta 지음   이동수 옮김

소와

Commercial   Break

초판 발행  |  2010년 2월 10일

지은이  |  Suthisak Sucharittanonta
옮긴이  |  이동수
발행인  |  고화숙
발행처  |  도서출판 소화
등  록  |  제13-412호
주  소  |  서울시 영등포구 영등포동 7가 94-97
전  화  |  2677-5890
팩  스  |  2636-6393
홈페이지  |  www.sowha.com

ISBN  978-89-8410-361-0  03320

값 10,000원

잘못된 책은 언제나 바꾸어 드립니다.

# 네 컷짜리 만화

#1.  Suthisak은 국제 광고제의 스타다. 아니 국제 광고계의 스타 중의 하나다. 아시아를 대표하는 크리에이티브 디렉터로 주변에 늘 추종하는 사람들과 친구들로 넘쳐난다. 아시아에서 그만큼 국제 광고제 수상 경력이 화려한 크리에이티브 디렉터를 찾아보기는 어렵다. 십여 년 전만 해도 (Suthisak 이전이라고 해야 맞을 듯 싶다) 세계 크리에이티브 지도 상에 태국 광고는 존재하지 않았다. 하지만 1994년 그가 Ogilvy & Mather의 자회사 Results Advertising에 재직 시절 Cannes, Clio, One Show 등 세계 유수의 광고제에서 수상하면서 태국 광고를 세계에 알리기 시작했다. 2003년에는 태국 최초로 Cannes 에서 필름 부문 황금사자상을 수상하며 태국의 광고를 세계 크리에이티브 지도 위에 드높게, 아시아에서는 명실공히 최고의 반열에 올려놓았다. 뒤를 이어 국제 광고제의 스타가 된 Jeh United의

Jureeporn과 Creative Juice G1의 Thirasak 또한 Results와 BBDO에서 Suthisak 아래서 배웠던 친구들이기도 하다. 이 책은 그의 자전적인 광고 이야기를 담은 책이다.

#2. 이 책은 네 컷짜리 만화 같다. 그래서 읽기가 쉽다. 게다가 네 컷 만화의 주인공 Suthisak은 누구나 크리에이터가 될 수 있다고 말하고 있다. 광고 크리에이티브는 생활 속의 작은 아이디어의 발견이다. 이 책이 그렇다. Suthisak의 광고에 얽힌 일상과 관련된 이야기들을 읽다 보면 '아!' 하는 깨달음이 따라 나온다. 타고난 이야기꾼 Suthisak은 유머와 재기가 넘치는 이야기들 속에 어떻게 한 사람의 크리에이티브 디렉터가 태국 크리에이티브를 세계에 알리게 되었는지, 큰 국제 광고제에서 수상하기 위해 어떤 노력을 해 왔는지, 자신만의 크리에이티브에 대해 어떤 고민을 하고 있는지를 숨겨 놓았다.

#3 Suthisak은 익살스러운 피터팬 같다. 꿈을 잊지 않고 살아가는 방식과 언제나 새로움을 추구하는 아이디어 발상법은 그를 절대로 지치지 않게 한다. 하늘을 날고 싶어 자전거에 날개를 날고 허공을 질주했다는 어릴 적 에피소드는 비단 과거형의 이야기만은 아니다. 이 책은 세계 광고의 하늘을 날고 싶어 하는 Suthisak의 현재 진행형의 도전에 대한 이야기이다. 이 땅에서 광고를 하는 젊은 크리에이터들이 Suthisak의 이야기 속에 숨어 있는 보물들을 발견해 주길 바란다. 그리고 머지않은 미래에 국제 광고제에서 "명예와 대한민국을 위해!"라고 외칠 한국의 Suthisak이 출현하기를 기대해 본다.

#4.　내가 베트남 Ogilvy & Mather에서의 근무를 마치고 방콕 Regional Office로 옮겨 가게 되었을 때 누구보다 기뻐했던 친구가 Suthisak이었다. 무엇보다도 방콕의 밤 문화(?) 탐방을 함께할 수 있어서였을 게다. 서울 BBDO에서 근무할 때도 방콕을 방문할 때마다 어떤 일이 있어도 돌아오는 날까지 함께 있어 준 친구가 Suthisak이었다. 가끔 바쁘면 밤의 황제(?) Thirasak을 붙여 주기도 했지만.

내가 방콕을 떠나 싱가포르 Office로 옮기기 전에 Suthisak은 *Commercial Break*라는 책을 쓰고 있다고 말했다. 그리고 언젠가 서울로 돌아간다면 번역을 해서 출판을 해 줄 수 있겠느냐고 물어 왔다. 물론 당연히 그렇게 하겠다고 약속한 지 벌써 서너 해가 훌쩍 지나버렸다. 이제라도 그와의 약속을 지키게 해 준 소화 출판사에 감사드린다.

2010년 1월
이동수

# CONTENTS

Commercial Break

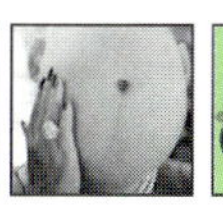

■ 일러두기

읽는 이의 편의를 위해 생소한 용어는 별도의 표시 없이 본문에 설명을 덧붙였다.
단 옮긴이에 의한 설명은 표시했다.

Chapter
01

유소년 배드민턴 대회에서는 1회전에서 떨어졌다. 테니스 시합에서도 졌고, 사진 콘테스트에서도 낙선하기 일쑤였다. 연애에서조차 다른 친구들보다 나을 것이 하나도 없었다. 하지만 졌다고 해서 이기려는 결심을 단 한 번도 저버린 적은 없었다.

01  A Troubled Child

A Troubled Child

# 실패를 두려워하지 마라

방콕에서 태어나 지금까지 방콕에서 살고 있지만, 어린 시절부터 나는 매운 음식을 좋아했다. 특히 남쪽 지방의 매운 커리는 광적으로 좋아한다. 그리고 단 음식들도 매우 좋아하는데, 언젠가 한 번은 엄청난 양의 포이통(foythong: 계란의 노른자위만을 사용해 만드는 태국 디저트의 일종)을 혼자서 다 먹어 치운 적도 있었다. 여러 다른 소스들을 섞어 보는 것도 나의 고상한 취미 중 하나다. 가끔은 태국식 생선 소스, 중국식 연간장, 일본의 깃코만 간장, 우스터 소스, 타바스코 소스 그리고 고춧가루를 잘 섞은 다음 옆 사람에게 그 소스의 맛을 물어본다. 물론 언제나 그들은 못 참고 뱉어 버리지만….

나는 다빈치만큼 재능 있는 사람을 꿈꾸었다. 모나리자를 그리면

칠면조 얼굴을 한 모나리자

서도 그림의 세세한 부분까지 살리려고 노력했지만, 내가 그리는 모나리자는 항상 칠면조처럼 보일 뿐이었다.

언젠간 하늘을 날고 싶어 세발자전거에 날개를 매달아 뛴 적이 있다. 결국엔 죽 쑤고 말았지만—핸들, 바퀴, 시트는 날았다. 하지만 예상대로 내 몸은 만신창이가 되었다. 어쨌거나 나는 많은 것들을 발명하려고 노력했다. 예를 들면 빛의 속도보다 훨씬 빠르게 물을 휘저어서, 물을 기름으로 바꾸려고 한 적도 있고… 때론 썩은 달걀 가스를 고양이의 배설물에서 채취하려고 생고생도 했고, 진짜 방귀를 사용해 방귀폭탄을 만들기도 하였다. 언젠가는 간지럼 가루도 만들었다.

나는 정말로 개구쟁이였다. 한 번은 엄마의 매를 피하려 미친 듯이 벽을 타고 올라가 천장에 달라붙어 있기도 했다.

나는 연날리기를 좋아했는데, 특히 공중에 떠 있는 남의 연줄을 자르는 것을 좋아했다. 조각낸 네온전구를 풀로 줄에 붙인다든가, 심지어 면도 칼날을 붙이기도 하는 등 나만의 방법을 개발하기도 했다. 그렇게 '천하무적'의 연으로 하늘을 지배했다. 다른 아이들의 연은 나의 신개발 연에 기도 펴지 못하고 잘려 나갔다. 대신 연 주인들은 나를 눈엣가시로 여겼고, 집까지 찾아온 적도 꽤 있었다. 운 좋게도 그들이 집을 찾아올 때마다 들키지는 않았지만…

나는 형제들 중 중간이었다. 불운을 타고난 'Wednesday Child'라고도 할 수 있겠다. 위로, 아래로 형제가 있으니 부모님이 형제들에게 기울이는 것만큼 내게는 관심을 기울이지 않는다고 생각했다. 어릴 적 나는 실제로 부모님의 관심을 받기 위해서라면 무슨 짓이든 했다. 아마 난 "내가 우리 형제들 중 누구보다 잘났다!"라는 걸 증명

다른 정자들을 잘못된 길로 가도록 속이면서 그 앞에서 웃고 있는 정자

해 보이고 싶었는지도 모른다.

　나는 누구든 이기고 싶어 했다. 특히 그림 그리기를 좋아했던 나는 반 아이들보다 더 잘 그리고 싶었고, 반에서 최고가 되길 원했다.

　5학년 때 선생님이 반 아이들에게 바다를 그리라는 숙제를 내 주셨을 때 곧장 책방에 들러 "어떻게 바다를 그릴까"라는 제목의 책을 사서 연습했던 기억이 난다. 당시 나는 폭풍우가 몰아치는 바다 가운데서 파도를 맞으며 떠 있는 조각배를 그렸다. 그림을 제출하던 날 선생님을 포함해 반 전체 아이들은 내 그림을 보고는 환호성을 질렀다. 내 그림에 놀라워하고 칭찬해 주는 사람들을 보는 것이 나에겐 가장 큰 행복이었다.

　학창 시절, 나는 좀 더 깨끗하고 편하던 교사 전용 화장실을 즐겨 사용했다. 그런데 교사 전용 화장실의 칸막이 문은 바닥까지 닿지 않았기 때문에 화장실 안에 누가 있는지 다리를 보면 쉽게 알 수 있었다. 나는 어떻게 해서든 선생님이 앉아 있는 것처럼 꾸며야만 했는데, 발목까지 바지를 내리고 벨트를 뒤로 만 채 어른처럼 헛기침을 해대면 그 누구라도 목이 안 좋은 선생님이 화장실을 사용한다고 생각할 수밖에 없었다.

　그렇게 교사 전용 화장실을 사용하기 위해 살금살금 들어갔던 어느 날, 여느 때와 같이 화장실에서 나오다 선생님께 들키고 말았다. 들어올 때와 나갈 때 문을 여닫는 소리로 다른 선생님들이 나가는 걸 눈치 채곤 했는데, 그날은 잘못 확인하고 나왔던 것이다!!! 그 후론 고등학교 졸업식 날까지 학생 전용 화장실만 사용해야 했고, 그건 내게 큰 고통이었다.

　이렇듯 문제도 많던 학창 시절이었지만, 3년 전에는 학교의 명성을 높였다는 이유로 사팃 출라(Satit Chula) 학교 최고의 졸업생으로 뽑혔다. 학창 시절 나의 행적들을 돌이켜 보면 믿을 수 없는 일이기도 하다.

오해하지는 마시기를. 내가 항상 이긴 것은 아니고, 실패도 여러 번 했다. 유소년 배드민턴 대회에서는 1회전에서 떨어졌다. 테니스 시합에서도 졌고, 사진 콘테스트에서도 낙선하기 일쑤였다. 연애에서조차 다른 친구들보다 나을 것이 하나도 없었다. 하지만 졌다고 해서 이기려는 결심을 단 한 번도 저버린 적은 없었다.

Chapter
02

　대부분의 재능 있는 건축학부 졸업생들은 건축보다는 다른 직업을 택했다. 세상에 반드시 자기가 전공한 과목으로만 직업을 선택해야 한다는 법은 없다. 자신이 좋아하고 잘할 수 있는 직업을 고르는 것이 더 중요한 것이다.

**Chapter 02**

Not Living on Bread and Water

# 빵하고 물만 먹고 살래?

나는 미술 공부를 좋아했다. 화가가 되는 것이 오랜 꿈이었고, 그만큼 미술 성적은 다른 어떤 과목보다도 월등했다. 하지만 어머니와 선생님께서는 그런 나를 적극적으로 반대하셨다. 그분들은 무엇보다 '예술가는 배고프다'라는 생각을 강하게 갖고 있었기 때문이다.

"가난한 예술가가 되고 싶니? 빵과 물만 먹고 사는 인생을 살고 싶니?"

어머니께서는 화가가 되고 싶다는 내게 이렇게 말씀하셨다.

"너한테 보여 줄 게 있다."

어머니는 나를 시프라야(See Phraya) 부근에 있는 작은 아트 갤러리 앞으로 데리고 가셨다. 그 근방은 말할 수 없을 정도로 삭막했다.

판잣집들 외엔 그 어느 것도 보이지 않았고 쓰레기 천지였다. 갤러리 앞엔 면도도 하지 않은 채 미친 듯 보이는 남자가 있었다. 뼈밖에 남지 않아, 병원에 가서 굳이 X-ray 촬영도 할 필요가 없어 보였다. 어머니는 그 아저씨를 가리키며 저 모습이 바로 예술가의 미래라고 말하셨다.

"알겠어요. 미술 대신 건축을 공부할게요"라고 나는 답했다. 넋이 나간 사람처럼 쭈그려 앉아 내 인생을 마감하고 싶지는 않았기 때문이다.

현실을 받아들인 후, 나는 건축학부를 선택했다. 1학년은 나름대로 괜찮았다. 일단 교양과목 중심의 수업들이었다. 하지만 2학년이 되자 수학, 물리, 구조공학을 포함한 모든 공부들이 어려워지기 시작했고, 각 과목에는 계산이 필수적이었다.

많은 선배들로부터 진정으로 영향을 받았다. 특히 내가 다닌 학교의 건축학부에는 재능 있는 아티스트들이 많았기 때문이다. 사실 그전까지 나는 내가 가장 그림을 잘 그린다고 생각했다. 하지만 2학년이 되어 정말로 뛰어난 이들과 교류하면서 내 그림이 그들에 비해 그리 대수롭지 않다는 것을 깨달았다.

그들의 그림은 훌륭했고 A를 받을 만했으나, 내 그림은 단지 B에 머물러 있었다. 그들은 나보다 훨씬 재능이 있어서 나와는 경쟁이 되지 않았다. 내가 그들을 이길 수 있는 길은 거의 없었다. 나는 한 번쯤 져 보는 것도 좋은 경험이라고 생각한다. 그 경험은 나를 정신적으로 강하게 만들었다. 그 시절 이후로 나는 다른 사람들을 받아들이게 되었고, 다른 사람과 비교하며 내가 항상 낮다고 우기는 행동 따위는 하지 않게 되었다. 물론 조금 열은 받았지만.

건축학부에서는 주어진 틀 안에서이지만, 개념적으로 생각하고 독창적으로 창조하는 방법을 배웠다. 그런 교육 방식 덕분인지 대부분의 재능 있는 졸업생들은 건축보다는 다른 직업을 택했다. 세상에 반드시 자기가 전공한 과목으로만 직업을 선택해야 한다는 법은 없다. 자신이 좋아하고 잘할 수 있는 직업을 고르는 것이 더 중요한 것이다.

당시 나는 매스 커뮤니케이션 학부에서 영화와 사진을 공부하는 친구들을 알게 되었다. 그 영향을 받아서인지 나 또한 사진에 관심을 가지게 되었고, 패션 사진, 누드 사진, 컴퓨터 잡지 표지 사진, 광고 사진 등을 찍으면서 프리랜서 사진작가로서 활동하게 되었다. 학생이긴 했지만 돈도 조금씩 벌기 시작했다. 나는 니룬 바빌라이(Nirun Bhavilai) 선배와 방방곡곡을 돌아다니며 컴퓨터 잡지 표지 사진에서부터 누드 사진에 이르기까지 가리지 않고 다양한 사진들을 찍었다. 한 번은 라용(Rayong) 지방에서 누드 사진을 찍던 도중 사진기를 떨어트린 적이 있었다. 아마도 흥분해서 흔들렸던 모양이다. 우리가 누드 사진을 찍으러 간다고 할 때면 항상 오랫동안 연락도 없던 친구 녀석들이 찾아와서는 차로 데려다 주기도 하고, 몇몇은 삼각대를 들어 주기도 했던 기억이 난다.

나는 비교적 빨랐던 사회생활 덕분에 많은 것을 배울 수 있었다. 돈 관리 방법이나 사람들과 타협하는 방법, 팀과 일하는 법, 모델들의 포즈 지도, 가격을 흥정하는 방법, 슬라이드를 손질하는 법 그리고 주위 사람들과 친해지는 방법 등 이런 모든 것들이 나에게는 미래의 자양분이 되었다.

광고회사에 지원하겠다고 말했을 때 아버지는 "뭐라고? 지금 와서 건축가가 되는 걸 포기하겠다는 거냐?"라고 언성을 높여 반대하셨다. 물론 결국엔 내 의사를 들어주시고 도와주겠다고 하셨지만 말이다.

그런 와중에도 수업은 빠지지 않고 들었고, 사진을 찍으며 버는 돈만으로도 걱정 없이 학교를 마칠 수 있었다. 졸업 후 건축가가 되어야 하는지에 대해서는 자신이 없었지만, 적어도 어머니께서 말씀하신 것처럼 살게 되지는 않을 것이란 사실은 확실했다. 나는 건축보다 광고나 사진 분야에서 일하는 것이 더 낫다는 것을 알았다. 그 편이 보다 많은 기회를 제공하는 것처럼 보였다.

나의 부모님은 항상 자식들에게 자유와 선택권을 주셨다. 단 한 번도 당신들의 뜻대로 하려 하지 않으셨다. 어머니가 나를 그 불쌍한 예술가에게 데리고 갔던 것도 일종의 사랑이었다. 나의 마음을 변화시키기 위한 방법을 찾아야 했던 것이다. 만약 그때 어머니께서 "안 돼. 넌 화가가 될 수 없어"라며 이유도 없이 반대하셨다면, 아마도 나는 지금까지 내 뜻을 굽히지 않고 고상한 꿈에 이끌려 다빈치나 피카소가 되는 것을 꿈꾸었을지도 모른다. 지금도 그런 꿈을 꾸긴 하지만, 이젠 그런 꿈 따위에 신경 쓰지는 않는다.

아마 죽기 전 황혼기 즈음에나 다빈치나 피카소처럼 그림을 그릴 수 있을 것 같다. 손 떨림만 없다면 붓을 잡을 수 있을 것이다. 만일 너무 심하게 손이 떨려 그림을 못 그리게 되면 문신가게를 낼지도 모르겠다. 떨리는 손으로는 다른 사람보다 배로 더 빠르게 잉크를 새겨 넣을 수 있을 테니 말이다. 콕 찔러, 콕⋯ 콕⋯ 콕⋯ 콕⋯

Chapter
03

"
내가 태국에서 가장 큰 광고회사인 Lintas Bangkok을 그만둔 이
유는 단 한 사람, 데이비드 오길비(David Ogilvy) 때문이었다. 그가
쓴 책 *Ogilvy on Advertising*을 읽은 바로 직후, 나는 곧장 Ogilvy
& Mather라는 광고회사 태국지사를 찾아가 입사 면접을 보았다.
"

03  Agency Life

Agency Life

# 내 인생을 바꾼 '데이비드 오길비'

"당신을 채용하기로 결정했습니다."

Dentsu(일본 광고대행사)의 크리에이티브 디렉터(Creative Director)인 일본인 요시이(Yoshii) 씨가 자신의 비서를 통해 입사결정 통보를 해 주었다.

"회사에 잠시 들러 주실 수 있을까요? 몇 가지 서류를 작성하셔야 할 것도 있고 받아 가셔야 할 것들도 있는데요."

나는 부리나케 Dentsu로 달려갔다. 그녀는 키가 컸고, 짙은 눈썹과 어깨까지 오는 검은 긴 머리를 내려뜨린 육중한 몸매를 하고 있었다. 그녀는 자신감에 찬 모습으로 내 앞에 등장했다. 너무 당당했던 탓인지 그녀가 걸을 때면 바닥이 조금 흔들렸던 것으로 기억된다.

"안녕하세요! 쿤('Khun'은 상대를 배려하는 표현으로 태국에서는 이름 앞에 '쿤'을 넣어 부른다) 수티삭."

그녀가 나를 반갑게 맞아 주었다.

"저는 요시이 씨 비서입니다. 요시이 씨에게 듣기로는 전문사진가에 지원하셨다더군요. 포트폴리오 여기 있습니다."

그녀는 나의 무거운 포트폴리오를 돌려 주었다.

"그런데 포트폴리오에는 전부 누드 사진밖에 없네요."

그녀는 의심쩍은 눈빛으로 나를 쳐다보기 시작했다. 그래서 나는 그녀에게 보여 주기 위해 태연하게 패션 사진들과 광고 사진, 그래픽 디자인 사진이 있는 장으로 넘겼다.

그녀는 본 체 만 체하며 말을 이어 갔다.

"하지만 요시이 씨 말로는 비주얼(visual) 담당이 될 거라고 하더군요."

그 말을 듣는 순간 나는 매우 당황했다. 왜냐하면 나는 아무런 sual(태국어로 sual은 '죄'라는 뜻)도 지은 적이 없었기 때문이다. 아무래도 내가 잘못 들은 게 아닌가 하는 생각에 다시 물어보았다.

"다시 한 번만 말씀해 주시겠어요? sual이라구요?"

"아. 제 말은 비주얼라이저(Visualizer)요. 레이아웃과 스토리보드를 담당하는 사람이요."

그녀가 아주 탁월한 태국식 영어 발음을 구사하는 바람에 나는 순간 웃음이 터지는 걸 가까스로 참아야 했다.

나의 사진작가로서의 인생은 Dentsu 태국지사에서 비주얼라이저로 일하게 되면서 끝이 났다. 사진들과 그래픽디자인이 담긴 포트폴리오를 들고 응시했지만, 결국은 레이아웃과 스토리보드를 그리는 작업을 하는 처지가 되고 말았다.

첫 번째 상사였던 사람은 일본인 크리에이티브 디렉터인 요시이 씨였다.

Dentsu에 입사 후 나는 두 명의 상사와 일을 했는데, 태국인과 버마인이었다. 2년이라는 시간이 훌쩍 지나면서 그 두 사람은 절대로 나를 포토그래퍼(Photographer)나 아트 디렉터(Art Director)로 승진시키지 않을 거라는 걸 깨달았다. 물론 나는 충분히 준비가 되어 있었지만.

당신은 어떻게 버마인이 크리에이터가 될 수 있는지 궁금해 할지 모른다(태국에서는 버마인들에 대한 인식이 높지 않다. 노무자나 가정부 등의 열등한 직업을 가지고 있는 게 당연하다는 통념 때문이다—옮긴이). 그의 이름은 한 윈(Han Win)이었고, 뛰어난 아트 디렉터였다. 그는 자기와 함께 낚시를 가자고 나를 설득하는 것을 좋아했지만, 실제로 낚시를 가지는 않았다. 그는 마리화나를 하러 갔을 뿐이다.

나는 정말 책임감을 가지고 열심히 일했다. 할 일이 너무 많아 밤을 새운 적도 많았다. 그렇게 며칠씩 밤을 새우면서 어떻게 하면 능률적이고 정확하게 일을 끝낼 수 있는지를 서서히 배워 나갔다. 상사들은 작은 사고라도 치게 되면 사장실로 끌려들어간다고 협박 비슷한 겁을 주기도 했다.

어느 날 사장의 비서가 나를 불렀다.

"수티삭 씨, 사장님이 보고 싶어 하십니다."

진정해야 했다. 하지만 속으로 몇 번이나 같은 질문을 했다.

'난 죽었다! 잘리면 어쩌지? 내가 뭘 잘못했는데?'

진지한 표정을 짓는 비서 뒤를 따라갈 때 머릿속에 수백 가지 생각이 떠올랐다. 전에는 한 번도 사장실에 가 본 적이 없었다. 마치 자신의 무덤을 둘러보는 죽은 남자처럼 느껴졌다. 그때 한 가지 계획을 떠올렸다. 먼저 화장실에 간다고 하고 뒷문으로 빠져나가거나, 사장이 나를 알아보지 못하도록 머리 모양을 바꾸는 거였다.

사장실로 가면서 어린 시절에 있었던 어떤 기억이 떠올랐다. 어느 날 나는 뒤가 너무 급해 화장실로 뛰어 들어갔다. 내가 다니던 초등학교에는 변기가 2개밖에 없었는데, 그날 따라 모두 닫혀 있었다. 그래도 혹시 몰라 다시 확인해 보기 위해 손잡이를 잡아당겼다. 왼쪽 칸에 있던 문은 굳게 닫혀 있었고, 오른쪽 칸은 조금 열려 있는 듯했다. 왠지 문이 고장 나서 열리지 않을 것이 확실해 보여, 한쪽 다리를 벽에 대고 힘껏 그 문을 열어젖혔다.

"꿱!"

갑자기 화장실 안에서 개구리 소리가 나는 것이 들렸다. 나는 개구리가 문 사이에 끼어 있다가 그런 소리를 내는 거라고 생각해 다시 한 번 있는 힘껏 문을 당겼다.

그 순간 나는 당황해서 한마디 했다.

"개구리가 아니라 사람이 있었군!"

화장실 안에 있던 녀석은 문이 고장 났기 때문에 한 손으로는 문을 잡고, 나머지 한 손으로는 바지를 잡고 있었던 것이었다. 너무 세게 문을 연 탓에 그 녀석은 밖으로 튕겨 나왔다.

나는 온 힘을 다해 도망쳤다. 그 녀석이 내 뒤를 쫓아오거나, 교장실에 가서는 벌을 주라고 이를 것 같았다. 나는 다른 화장실을 찾아 들어가 머리 모양을 바꾸기로 했다. 보통 때는 가르마를 오른쪽으로 하지만, 이번에는 나를 알아보지 못하게 왼쪽으로 바꾸었다. 머리 모양을 바꾸고 당당히 화장실에서 걸어 나왔고, 운 좋게 화장실에서 만난 그 녀석은 날 쫓아오지 않았다.

그날처럼 머리 모양을 바꾸는 걸 생각했지만, 그 방법이 사장과의 면담을 피하게 해 줄 것 같지는 않았다. 내일이든 모레든 사장은 나를 다시 부를 테니까 말이다. 결국 나는 그렇게 사장실로 들어갔다. 회사 선배는 이미 사장실에 끌려와 있었다. 사장은 최근 인쇄 광고에 관한 건으로 우리를 부른 것이었다. 인쇄된 그림이 너무 어두워서 독자들이 보기에 그을린 듯 보인다고 했다. 광고주가 전화를 걸어 불평한 것이었다. 우리는 다시는 그런 일이 없도록 신경 쓰겠다고 약속하고서야 사장실을 나올 수 있었다.

그 일이 있고 난 얼마 후, 나는 태국에서 가장 큰 광고회사인 Lintas Bangkok으로 자리를 옮기기로 결심했다. 나는 아트 디렉터가 되고 싶었고, 비주얼라이저라는 직업이 나에게는 맞지 않는다고 느꼈기 때문이기도 했다.

Lintas에서는 쿤 무(Khun Moo)와 깔라야 끄롬윗(Kalaya Klomwit) 밑에서 일하면서 광고 카피를 어떻게 쓰는지를 배우게 되었다. 1년이라는 짧은 시간이었지만, 나는 Unilever에서 출시된 매우 까다로운 화장품 광고를 만들었다. 많은 것을 배웠고, 많은 사람들을 만났다. 재능 있는 상사도 많이 있었고, 덕분에 좋은 광고회사 생활을 경험할 수도 있었다.

Lintas를 그만두게 된 이유는 단 한 사람, 데이비드 오길비(David Ogilvy: 1965년 '오길비 앤 매더'라는 광고회사를 탄생시켜, 장황한 제품 설명보다는 간결한 카피와 시각적 이미지를 강조한 파격적인 광고들로 당시 광고계에서 신풍을 일으켰다. '소비자는 아내와 같다', '광고 크리에이티브에서 독창성은 위험하다'라는 광고 철학으로도 유명하다—옮긴이) 때문이었다. 그가 쓴 책 *Ogilvy on Advertising*을 읽은 바로 직후, 나는 곧장 Ogilvy & Mather라는 광고회사 태국지사를 찾아가 입사 면접을 보았다. 그리고 아트 디렉터로 입사할 수 있었다. 그곳에서 내가 가장 잘하는 것을 찾을 때까지 모든 걸 시도해 보고 싶었다.

나는 최고의 광고회사에서 일하고 싶었고, 당시엔 누구나 태국에서 Ogilvy & Mather가 최고라고 생각했다. 전에는 맡겨졌던 일들을 통해 형식적인 일처리 방식을 배웠다면, Ogilvy & Mather에서는 조금 다른 방식이었다. 이 광고회사에서는 수난드하 툴라야드한(Sunandha Tulayadhan)과 배리 오언(Barry Owen)이 나의 상사들이었는데, 그들은 태국 광고계에서는 전설적인 존재들이었다.

Ogilvy & Mather에서 7년이라는 시간을 보내고 나서 처음으로 크리에이티브 디렉터가 되었다. 그리고 Ogilvy & Mather의 자회사 중 하나인 Results로 옮겨 일하기 시작했다. Results는 규모는 크지 않았지만 Ogilvy & Mather와 중복되는 제품들의 광고나 새로이 제품 광고를 시작하려는 회사들을 대상으로 설립된 광고회사였다.

하지만 Results에서 일을 시작했을 당시는 대부분의 사람들이 회사 이름조차 모르던 때로, 심지어 빌딩 관리인조차도 모를 정도였다. 나는 Results에서 일하면서 한 가지 결심을 했다. 색다른 콘셉트의 광고를 창조하고 Ogilvy & Mather보다 더 많은 국제광고제상을 받아 보자는 것이었다. 사장인 데차 땅빠니딴숙(Decha Tangpanitansook)과 함께 Results라는 회사를 태국에서 가장 영향력 있는 광고회사로 키워 보자고 의기투합하기도 했는데, 이러한 비전으로도 만족스럽지가 않았다. 결국 더 높은 곳을 바라보고 Results를 아시아 최고로 만들기로 나의 야망을 키웠다.

그 결심 덕분일지는 몰라도 우리는 피복 공장에서 일하는 노동자들처럼 며칠씩 밤을 새워 독창적인 아이디어를 만들어 내기 위해 지독하게 열심히 일했다. 다행히도 출퇴근 시간이 따로 없었다. 우리는 경쟁사였던 싱가포르의 Saatchi & Saatchi, Ogilvy & Mather 싱가포르지사 그리고 홍콩의 여러 광고회사들의 스타일과 특징들을 비교 분석해서 어떻게 그들과 다를 수 있을까를 고민했다. 그들은 국제광고제에서 이미 여러 번 수상한 경력이 있었다.

그들이 어떻게 성공했는지를 살펴본 후, 우리는 그 성공 사례들을 기초로 그들과는 완전히 다른 색깔의 광고를 만들었는데, 우리 광고가 훨씬 창조적이었다. Results에서 나는 많은 새로운 아이디어를 자유롭게 펼칠 수 있었다. 예를 들면 'Snow Milk'라는 일본 우유 브랜드 광고를 의뢰받았을 때였다. 광고주(Client)는 이전 광고회사가 제대로 제품에 대한 홍보를 해내지 못했기 때문에 제품의 브랜드 이미지를 높여 달라고 주문했다. 광고주는 일본 우유가 잘 팔리는 것은 깨끗하고 품질이 좋기 때문이라고 믿고 있었다. 이상하게도 어느 누구도 '일본 제품의 품질'을 광고 콘셉트로 잡으려고 생각하지 않았다는 점이다. 우리는 그 틈새를 백분 활용해 일본 제품을 다른 시중 제품들과 차별화하는 데 성공했다.

나는 매우 단순한 스크립트를 썼다.

한 소년이 카메라 앞에 서서 우유를 마신다.

그리고는 이렇게 말한다.

"이 눈같이 흰 우유 때문에 일본 아이들의 키가 쑥쑥 크고 있어요. 믿지 못하신다면 아빠한테 물어보세요."

카메라가 줌아웃되면서 소년의 옆에 서 있는 난쟁이처럼 키가 작

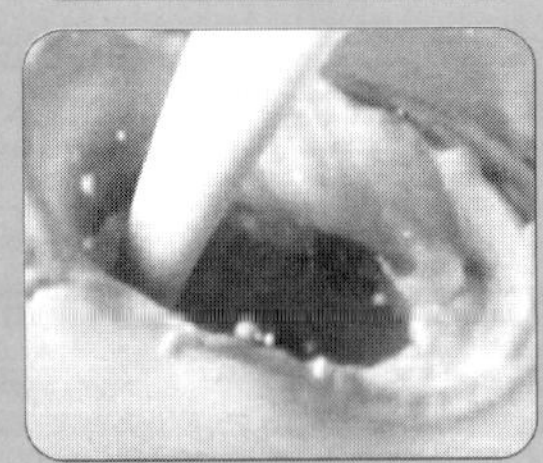

'Snow Milk' 일본 우유 광고—'Ask My Dad'

은 그의 아빠를 비춘다.

광고가 방송에 나가고 1주일이 채 안 돼서 'Snow Milk' 제품은 불티나게 팔리기 시작했고, 나중엔 더 팔고 싶어도 재고가 부족해 팔지 못할 정도에까지 이르렀다. 대부분의 태국 사람들은 아이들의 키가 컷으면 했고, 그 소비 욕구는 'Snow Milk'를 사는 것으로 이끌었다.

우리는 이 광고를 칸 국제광고제(Cannes Lions International Advertising Festival)에 출품했고, 최종 결선에까지 오르는 쾌거를 이루었다. 저예산으로 제작되었음에도 태국 광고가 칸 국제광고제처럼 큰 국제광고제의 최종 결선에 올랐다는 사실만으로도 행복했다. 비록 황금사자상을 타지는 못했지만, 그것은 세계 광고계를 향한 나의 첫 걸음이자 동시에 귀중한 경험이었다. 특히 나의 광고 인생에서는.

우유 광고 성공 이후, 많은 광고 의뢰가 쏟아져 들어오기 시작했다. 그중엔 'Black'이라는 타이틀로 제작된 Black Cat 태국 위스키와 'She-Man'이라고 제작된 와인 쿨러 클럽 그리고 'Super Farmer'라는 타이틀로 제작된 미쓰비시 디젤 엔진(Mitsubishi Diesel Engine)도 포함되어 있었다. 당시에 내 머릿속엔 '어떻게 하면 대중을 놀라게 할 만한 획기적이고 유쾌한 광고를 만들 수 있을까' 라는 생각밖에는 없었다. 그리고 그 기간 중에 태국에서뿐 아니라 여러 국제광고제에서도 수상을 했다.

무엇보다 이런 수확을 얻을 수 있었던 것은 기존의 광고 틀을 벗어나려고 부단히 애썼다는 점에서 찾을 수 있다. 인쇄 광고 제작에서도 독특하면서도 다소 충격적인 아이디어를 많이 사용했다. 손을 잘라 내고, 피로 얼룩진 사진을 대중에게 보여 준다거나 풍자하는 등…. 나는 각기 다른 주제에 대한 냉소적인 요소와 대중의 신랄한 비판을

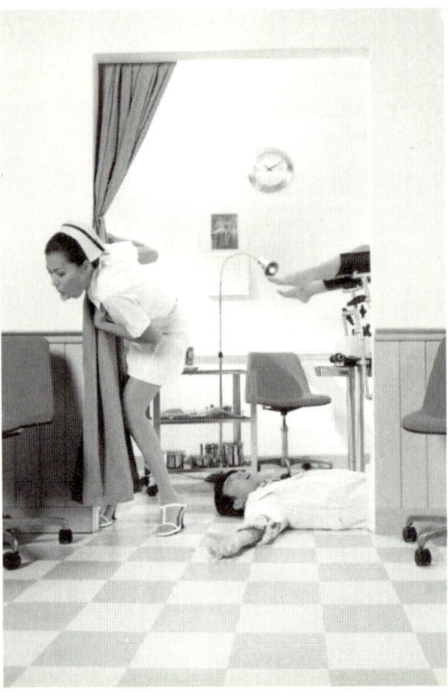

GIFFARINE

GIFFARINE

Giffarine의 여성 질 세정제를 위한 인쇄 광고— 'Flowers'

“

Giffarine의 여성 질 세정제 인쇄 광고는 'Annual Exam'이라는 타이틀로 제작되었고, 냄새 때문에 의사와 간호사가 토하며 검사실을 뛰쳐나오는 광고를 만들었다. 하지만 그 광고는 완전히 실패했고, 나의 상사였던 닐 프렌치(Neil French) 씨가 나를 직접 불러 질책했다. 그는 내게 조금 더 문화에 대한 고려와 아이디어가 적절한지를 먼저 생각해 보라고 충고해 주었다. 닐은 내게 '취향(good taste)'이라는 것과 '광고적인 깊은 해석(deep interpretation)'에 대해 알려 주었다.
나는 다시 Giffarine 작업에 매달렸다. 그리고 이번엔 지면 중간에 위치한 삼각형 안에 꽃을 배치하여 마치 꽃무늬 비키니를 입고 있는 느낌을 들게 했다. 'Flowers'라는 타이틀로 나온 이 새로운 광고는 국내뿐만 아니라 다른 여러 나라의 광고제에서도 수상했다.

”

나의 무기로 삼았다. 동성애자들과 말괄량이 그리고 불쾌한 냄새 나는 사람들을 놀림감으로 삼았다. Giffarine의 여성 질 세정제 인쇄 광고를 제작하기 전까지는.

Giffarine의 여성 질 세정제 인쇄 광고는 'Annual Exam'이라는 타이틀로 제작되었고, 냄새 때문에 의사와 간호사가 토하며 검사실을 뛰쳐나오는 광고를 만들었다. 하지만 그 광고는 완전히 실패했고, 나의 상사였던 닐 프렌치(Neil French) 씨가 나를 직접 불러 질책했다. 그는 내게 조금 더 문화에 대한 고려와 아이디어가 적절한지를 먼저 생각해 보라고 충고해 주었다. 닐은 내게 '취향(good taste)'이라는 것과 '광고적인 깊은 해석(deep interpretation)'에 대해 알려 주었다.

나는 다시 Giffarine 작업에 매달렸다. 그리고 이번엔 지면 중간에 위치한 삼각형 안에 꽃을 배치하여 마치 꽃무늬 비키니를 입고 있는 느낌을 들게 했다. 'Flowers'라는 타이틀로 나온 이 새로운 광고는 국내뿐만 아니라 다른 여러 나라의 광고제에서도 수상했다.

그 일이 있고 얼마 지나지 않아서 미국에 있는 광고회사로부터 연락이 왔다. 뉴욕에서 내로라하는 광고회사에서 나를 만나길 원했고, 입사 권유도 많이 받았다. 물론 'Flowers' 이전에 만든 실패작들에 대해 물어 오는 사람들의 전화도 꽤 받았다.

이 사건은 나에게 꽤 커다란 교훈이 되었다. 이 사건 이후로 광고 제작에 대한 나의 태도는 180도 달라졌다. 스스로의 작품에 자만하고, 과거처럼 새로운 아이디어에 너무 큰 비중을 둔 나머지 대중에게 주는 파급 효과를 미처 계산하지 않는 일 따윈 하지 않으려 노력했던 것이다. 광고에 접근하는 나의 태도가 조금 더 조심스러워졌다고 볼 수 있을 것이다.

Chapter
04

태국인들은 재미있고, 너무 진지하지 않으며, 선이 분명한 개그적이거나 익살스러운 광고를 좋아한다. 무엇보다 메시지가 강하면서도 간결해야 한다.…

칸 국제광고제, One Show 등에서 수상한 Black Cat 위스키 광고는 몇몇 태국 액션영화의 장면들을 조합해 익살스럽게 변형시킨 광고였다.

Chapter
04

What Do Thai People Like

# 태국인들은 왜 익살스러운
# 광고를 좋아하는가

"나는 태국 사람들이 좋아. 인정 많고, 웃음 많고, 붙임성도 좋고, 요리도 잘하잖아."

내 친구 토니(Tony, 이 책의 옮긴이)가 처음 태국에 도착했을 때 한 말이다.

"태국 사람들은 복잡한 걸 별로 안 좋아해. 진지한 것도 싫어하고. 그냥 하루하루 태평하게 보내는 걸 좋아하지. 파티나 농담 그리고 시끄럽게 떠드는 것도."

차뚜착(Chatuchak) 시장에서 나는 토니에게 이렇게 말을 건넸다. 그는 어떻게 보면 정말로 태국 사람처럼 보였다.

"여기서 집 짓고 살려고?"

3시간 동안 찌는 듯한 더위 속을 쉴 새 없이 걸었기 때문인지 이미 다리엔 감각이 사라진 지 오래였다. 하지만 나에 비해 토니는 말짱했다.

"알았어. 티셔츠 하나만 더 사고 가자."

토니는 그렇게 말하고는 한동안 나를 더 끌고 다녔다. 웬만한 물건은 다 구할 수 있는 차뚜착 시장을 보고 좋아하지 않는 사람은 여태껏 한 번도 보지 못했다.

얼마 후, 드디어 나는 토니에게서 풀려날 수 있었다. 시장 출구를 몇 분 만에 빠져나온 후, 나는 차를 주차시킨 거리 건너편으로 토니를 데리고 갔다. 목이 너무 말랐던 우리는 잠시 허름한 커피숍에 들렀고, 토니는 태국식 아이스티를 주문했다.

"이거 진짜 맛있다! 사실 처음엔 너무 빨개서 좀 그랬는데 진짜 맛있네. 이런 게 태국 사람 입맛인가?" 토니도 맘에 들어 하는 듯했다.

"응, 태국인들은 자극적인 맛을 좋아해! 달고, 맵고, 시고, 향이 강하고, 짜고 그런 음식들을 즐겨 먹지."

나는 아이스티에 감탄하고 있는 토니에게 이렇게 태국 사람들의 입맛을 설명해 주었다. 토니의 말대로 아이스티는 향이 강하고 달았다.

그날 저녁은 우리 집에서 먹기로 했다. 토니는 나의 아내가 차려준 음식을 접시바닥까지 핥아 먹을 정도로 무서운 식성을 보여 주었고, 덕분에 아내는 무척이나 기분이 좋아 보였다.

저녁식사가 끝나고 내가 제작한 몇 편의 광고를 토니에게 보여 주었다.

"와, 이거 정말 장난 아닌데! 네 광고는 정말 미쳤구나. 정말 대단

해."

토니는 Black Cat 위스키 광고를 보며 웃음을 터트렸다.

"태국 사람들은 저런 취향의 광고를 좋아해요."

동생 에드(Ed)가 덧붙이며 말했다.

"이 광고는 정말 대박이었죠, 아세요?"

그 말은 사실이었다. 태국인들은 재미있고, 너무 진지하지 않으며, 선이 분명한 개그적이거나 익살스러운 광고를 좋아한다. 무엇보다 메시지가 강하면서도 간결해야 한다.

태국인들은 복싱과 축구 그리고 코미디언들을 사랑한다. 그들은 때론 정말 재미없는 것을 보면서도 웃는다. 태국인들은 또한 드라마도 좋아하는데, 신문에서 다음 이야기가 어떻게 전개될지 미리 읽고 난 뒤에도 TV를 시청할 정도니 정말 TV를 사랑한다고 해도 과언이 아니다.

예전에 차암(Cha-Am) 해변에 있는 콘도미니엄에 머물 때 일이다. 옆집에 묵었던 사람들은 해마다 새해 휴일을 보내려고 그곳을 찾는 사람들이었다. 하지만 한 번도 집 밖에 나가는 것을 본 적이 없었다. 그 콘도를 산 이후, 나는 그들에 대해 너무나 궁금해졌고, 그들과 친교를 나누고 싶었다. 드디어 12월 31일, 그들은 어김없이 콘도를 찾아 왔고, 나는 열린 문틈을 비집고 들어가 그들을 보았다.

"뭐야 이거?!" 방 안에는 5, 6명의 대가족이 있었다. 아버지, 어머니, 아이들 그리고 할아버지, 할머니까지 모두 소파에 모여 앉아 무언가를 뚫어져라 쳐다보고 있었는데, 그것은 TV였다. 그 누구도 나에게는 눈길 한 번 주지 않았다. 만약 전기가 나갔다면 그들은 모두 소파에 앉아 죽었을지도 모른다. 해변에 와서 바깥 경치에는 관심도 없이 한 번도 밖에 나오지 않는다니 상상이나 할 수 있겠는가. 그들의 태도를 이해할 수 없었다.

이것은 태국이라는 나라는 TV에 조종당하고 있는 좋은 사례를 보여 주는 것이다.

나는 Black Cat 위스키 제작 의뢰를 받았을 즈음 토니에게 이 얘기를 해 주었다. 브리핑을 듣기 위해 광고주였던 웡차녹 뭉꾸드 체바시리(Wongchanok Mungkud Chevasiri) 씨의 사무실로 찾아갔다. 회의실에는 상표를 떼어 낸 엄청난 양의 위스키들이 널려 있었고, 회의실에 있던 사람들은 아이디어를 찾기 위해 취할 때까지 마셨다. Black Cat 위스키는 굉장히 맛있고 부드럽게 넘어갔고, 태국에서 제조되었음에도 느낌은 Johnny Walker의 Black Label과 비슷했다. 뭉꾸드 씨는 자신의 회사에서 고객관리를 담당하는 누군가는 이 브랜드를 외우기 힘들어 태국산 Black Label로 부른다고 했다.

빙고! 그 사람은 내게 굉장히 기발한 아이디어를 제공했다.

일주일을 Black Cat 위스키 스크립트를 쓰는 데 보냈다. 그 사이 어떻게 해야 다른 위스키 광고와 차별된 광고를 만들 수 있을지 고민했다. 다행히도 광고주는 이번 아이디어에 상당히 개방적이었고, 아주 색다른 광고를 부탁하기까지 했다.

나는 꽤나 많은 양의 스크립트를 썼는데, 그중 가장 독특했던 것은 'Black Cat—Thai Black'이라는 타이틀이 붙은 스크립트였다. 요약하자면 3~4분 정도 길이로 몇몇 태국 액션영화의 장면들을 조합해 익살스럽게 변형시킨 광고였다.

릿(Rit)이라는 이름의 가난한 쌀 농사꾼이 어느 조폭 두목의 딸과 비밀연애를 한다. 그러던 어느 날 릿은 자신의 오두막집에서 Black

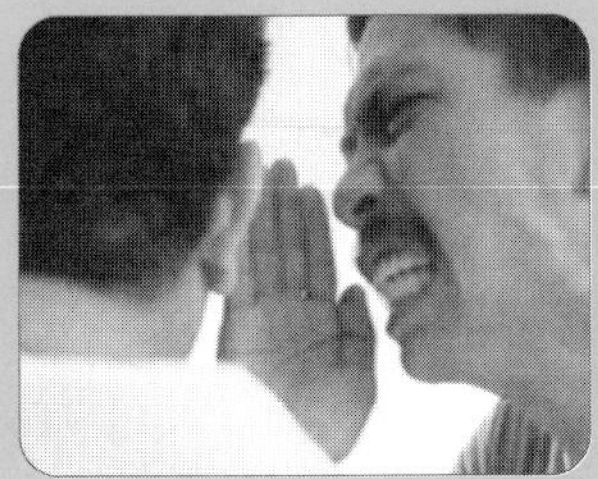

> 릿(Rit)이라는 이름의 가난한 쌀 농사꾼이 어느 조폭 두목의 딸과 비밀연애를 한다. 그러던 어느 날 릿은 자신의 오두막집에서 Black 위스키를 마시게 되는데, 그 장면을 지나가던 몇몇 깡패가 목격하게 된다. 그들은 두목에게 달려가 릿이 Black 위스키를 마시고 있다고 전해 준다. 두목과 그의 부하들은 릿을 잡기 위해 그의 오두막집으로 쳐들어간다. 하지만 곧 두목과 조직원들은 깜짝 놀라고 만다. 릿이 마시고 있던 것은 Johnny Walker Black Label이 아니라 태국산 Black 위스키인 Black Cat이었으니까!

Black Cat 위스키 광고—'Black'

위스키를 마시게 되는데, 그 장면을 지나가던 몇몇 깡패가 목격하게 된다. 그들은 두목에게 달려가 릿이 Black 위스키를 마시고 있다고 전해 준다. 두목과 그의 부하들은 릿을 잡기 위해 그의 오두막집으로 쳐들어간다. 하지만 곧 두목과 조직원들은 깜짝 놀라고 만다. 릿이 마시고 있던 것은 Johnny Walker Black Label이 아니라 태국산 Black 위스키인 Black Cat이었으니까!

"이건 조금 길어 보이는데?"

토니가 이 광고 스크립트를 보고 나서 말했다.

"보통 위스키 광고들은 각각의 브랜드들만의 클래식한 이미지를 강조하거나 그들만의 위스키 제조 방식을 정교하게 보여 주는 데 말이야."

"그래서 우리는 완전히 다른 방식으로 접근했어. 광고주도 태국 액션영화에 대해 만족해 했어. 하지만 역시 길이를 조금 줄여 달라고 하더군."

아트 디렉터였던 빠차야 룽릉(Pachaya Rungrueng)과 나는 광고에 넣을 영화에 관해 Matching Studio 최고의 감독인 뭄 수톤 뻬츠수완(Mum Suthon Petchsuwan)과 상의를 했다. 광고의 길이를 반으로 줄인 뒤 한 병에 130바트(bhat: 태국의 화폐 단위)의 가격이라는 중요한 요소들을 강조하기 위해 몇몇 대사들을 수정했다. 그리고 별로 중요한 역할이 아닌 농사꾼의 여자친구도 대본에서 없앴다. 그러자 완벽한 대본이 완성되었다.

"광고 반응 어땠어?"

토니가 내게 물었다.

"대성공이었어요" 동생이 나를 대신해 답해 주었다.

"태국 광고계에선 혁신적이었다니까요"

사실이었다. 반응은 즉각적이었고, 며칠이 지나지 않아 사람들은 이 광고를 주목하기 시작했으며, Black Cat이라는 제품에 열광했다. TV, 라디오, 신문, 잡지 등에서 나에게 그리고 뭄 감독, 광고주에게 인터뷰 요청이 쇄도하였다. 우리는 모두 하루아침에 스타가 되었다. 다시 한 번 이 기회에 당시 광고주였던 뭉꾸드 씨의 놀라운 선견지명과 용기에 감사드린다. 또한 Matching Studio의 뭄 감독과 티(Tee)의 노고에도 감사드린다.

Black Cat 위스키는 불티나게 팔려 나갔을 뿐 아니라 칸 국제광고제와 One Show에서 각각 수상하였고, Media Asian Awards에서는 최고상을 거머쥐기도 하였다.

Chapter
05

야광 재료가 들어간 티셔츠를 봤을 때 무언가 기발한 아이디어가 떠올랐다. "어둠 속에서 빛이 나는 게 뭐지?" "반딧불이, 달 그리고 끄라스!!!" 마침내 끄라스, 목만 달린 귀신이 등장하는 태국 최초의 공포 광고가 탄생했다.

Ghost Commercial

# 귀신이야기도 광고의 소재가 될 수 있다

"저거 귀신얘기잖아!!! 무섭단 말야!!!"

끄라스(Krasue: 태국 여자 귀신. 밤에는 자신의 머리만 떼어 내 하늘을 날아다니며 먹잇감을 찾아다닌다. 내장은 여전히 머리에 달려 있고 어두운 밤하늘에 날아다닐 때 심장이 빛을 발한다)가 나오는 'Free Glow-in-the-Dark Shirt'라는 Black Cat 위스키 판촉 광고를 보며 내 친구 앤디(Andy)는 거의 울기 직전이었다.

앤디는 잠시 우리 집에 들러 내가 제작했던 광고 몇 편을 보던 중이었다. 나는 그런 앤디의 모습을 보며 웃다가 쓰러질 뻔했다. 태국인도 아닌 사람이 태국 귀신을 보고 무서워하다니! 뱀파이어를 무서

위한다면 이해가 되지만 끄라스를 보고 정말 무섭다고 말하는 건 이해하기 조금 어려웠다.

"이게 무슨 광고야? 귀신얘기잖아?"

앤디는 특유의 큰소리로 내게 말했다. 그리고는 호기심 어린 표정으로 물었다.

"도대체 어떻게 광고주를 설득시킨 거야? 말 좀 해 봐."

그래서 나는 광고를 만들면서 있었던 긴 이야기를 들려주었다.

솔직히 얘기하면 나도 굉장히 무서웠다. 사라부리(Saraburi) 지역 부근에서 이 광고를 촬영했는데, 그렇게 춥지 않던 날씨임에도 촬영장에는 한기가 돌았다. 진짜 귀신이 나올 것 같은 그런 느낌이 드는 곳이었다. 첫날 밤엔 폭우가 내려 촬영을 중단하고 그곳을 떠나야 했다. 며칠이 지나 다시 촬영장을 찾았다. 촬영장은 외진 곳에 위치해 있었고, 나무가 우거져 마치 귀신이 나올 것 같은 그런 분위기였다. 제작팀은 뱀과 귀신 두 가지만 조심하면 된다고 말했다. 더욱 괴로웠던 점은 모든 촬영을 밤에만 해야 한다는 것이었다. 대체 어느 누가 무서워하지 않을 수 있겠는가?

당시 촬영을 함께했던 Matching Studio 소속의 특수효과팀은 상당히 재주가 좋아서 정말 실제 끄라스와 똑같은 귀신 모형을 만들어 냈다. 그리고 그 모형을 줄로 매달아 하늘을 나는 모습을 재연해 냈다.

"독특해! 어둠에 빛나는 티셔츠라니!"

전에 아트 디렉터였던 빠차야(Pachaya)는 프로모션을 위해 사로바스(Sarobhas)가 공장에서 가져온 티셔츠를 보며 계속 탄성을 연발했다.

보통 평범한 티셔츠 광고였다면 아마 이야기가 따분하고 지루했을지도 모른다. 하지만 야광 재료가 들어간 티셔츠를 봤을 때 무언가 기발한 아이디어가 떠올랐다.

검정색 티셔츠에 밝게 빛나는 Black Cat 위스키 로고를 찍어 넣는 것이다!

"어둠 속에서 빛이 나는 게 뭐지?"

나는 자신에게 물었다.

"반딧불이, 달 그리고 끄라스!!!"

내 머리가 대답했다.

나는 스크립트를 쓰면서도 정말 무서웠다.

"광고가 방송에 나가고 난 이후 위스키는 불티나게 팔리기 시작했고, 시청자들도 그 광고를 꽤나 맘에 들어 했어."

내가 이야기를 마치자, 앤디는 말도 안 된다는 얼굴로 내게 중얼거리듯 말했다.

"정말 이상하군. 귀신이 제품 파는 걸 도와주기라도 한 건가?"

"태국 사람들은 공포영화를 좋아하니까."

나는 덧붙여 말했다.

"그리고 우리가 만든 이런 공포 광고가 태국에선 처음이었으니까."

누군가 완전히 다른 것을 만든다면 사람들은 관심을 가지기 시작한다. 하지만 나 또한 광고 촬영을 모두 마치고부터 얼마 동안은 불면증에 시달려야 했다. 생각해 보라. 세상에 어느 누가 머리만 있는 귀신이 날아다니며 이상한 소리를 내는 걸 보고도 밤에 잠을 편히 잘 수 있을까?

Chapter
06

"
미쓰비시 디젤 엔진이 장착된 트랙터를 끌고 나타난 'Super Farmer'! 경찰도 당해내지 못하는 유괴범이 숨은 헛간을 흔적도 없이 만든 후 인질인 미스 태국을 구출한다. 웃는 걸 좋아하는 태국인뿐 아니라 외국인에게도 인기가 있어 그 브랜드 또한 유명해졌다.
"


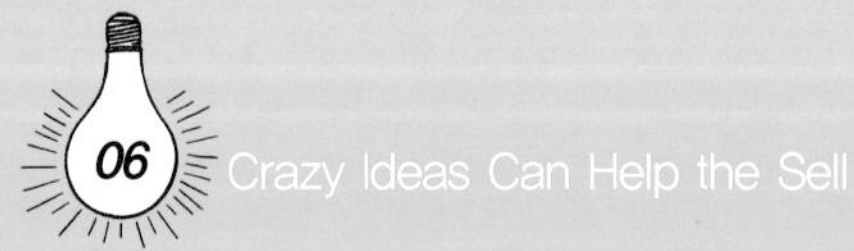

06  Crazy Ideas Can Help the Sell

Chapter
06

Crazy Ideas Can Help the Sell

# 막장 아이디어가 판매에 도움이 된다

하루는 BBDO Guerrero의 회장이자 크리에이티브 책임자(Chief Creative Officer)인 데이비드 게레로(David Guerrero)가 그의 크리에이티브 디렉터였던 데이비드 페러(David Ferrer)를 데리고 왔다. 데이비드 게레로는 필리핀 출신의 유명한 크리에이터(Creator)이자 국제광고제에서도 수많은 상을 받은 베테랑이다. 우리는 Ogilvy & Mather에서 근무하면서 가까워졌고, 게레로는 늘 내 작품에 높은 평가를 내려 주곤 했다. 이제 그의 어시스턴트가 내 작품들을 보고 싶어 하는 것이다.

"수티, 페러에게 자네의 작품 몇 개만 보여 줘도 되겠나?"

게레로가 내게 물었다.

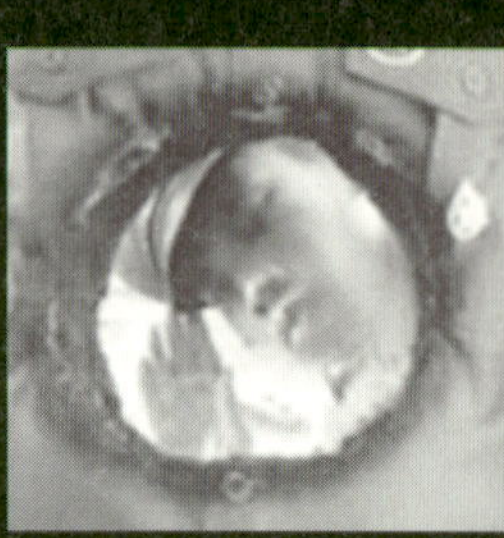


"
광고는 어느 날 한 유괴범이 미스 태국을 납치한 일로부터 시작된다.

하지만 얼마 지나지 않아 경찰들과 S.W.A.T가 유괴범을 찾아내고, 결국 유괴범과 미스 태국은 폐허가 된 허름한 헛간에 포위당한다.

경찰은 이제 그만 포기하고 유괴된 여자를 풀어 주라고 경고한다.

하지만 유괴범은 경고를 무시하고 경찰관을 향해 총을 쏘고 중상을 입힌다.

이대로는 안 되겠다고 생각한 경찰대는 'Super Farmer'(매우 못생겼지만 Super Farmer 옷만 입으면 무적이 되는 캐릭터)를 부르기 위해 불꽃을 쏘아 올린다.

얼마 후, Super Farmer는 미쓰비시 디젤 엔진이 장착된 트랙터를 끌고 도착한다.

그리고는 곧바로 트랙터로 헛간을 끌어당겨 흔적도 없이 만든 후 유괴범의 머리를 가격해 그의 머리통을 날려 버린다.

Super Farmer는 미스 태국과 함께 트랙터를 몰아 그 자리를 떠난다.
"

미쓰비시 디젤 엔진 광고—'Super Farmer'

"그러지."

나는 플레이어에 DVD를 넣으며 대답했다.

쇼릴(show reel: 자신의 작업을 동영상 형식으로 포트폴리오화한 것)은 'Super Farmer'라는 이름으로 제작된 미쓰비시 디젤 엔진 광고로 시작했다. 그것은 내가 Results라는 광고회사에서 일할 당시 제작했던 광고였다.

광고는 어느 날 한 유괴범이 미스 태국을 납치한 일로부터 시작된다.

하지만 얼마 지나지 않아 경찰들과 S.W.A.T가 유괴범을 찾아내고, 결국 유괴범과 미스 태국은 폐허가 된 허름한 헛간에 포위당한다.

경찰은 이제 그만 포기하고 유괴된 여자를 풀어 주라고 경고한다.

하지만 유괴범은 경고를 무시하고 경찰관을 향해 총을 쏘고 중상을 입힌다.

이대로는 안 되겠다고 생각한 경찰대는 'Super Farmer'(매우 못생겼지만 Super Farmer 옷만 입으면 무적이 되는 캐릭터)를 부르기 위해 불

꽃을 쏘아 올린다.

얼마 후, Super Farmer는 미쓰비시 디젤 엔진이 장착된 트랙터를 끌고 도착한다.

그리고는 곧바로 트랙터로 헛간을 끌어당겨 흔적도 없이 만든 후 유괴범의 머리를 가격해 그의 머리통을 날려 버린다.

Super Farmer는 미스 태국과 함께 트랙터를 몰아 그 자리를 떠난다. 페러는 흥분한 목소리로 웃으며 말했다.

"제정신이 아니군! 이걸 어떻게 광고주에게 넘겨 줄 생각을 한 거죠? 아니 그것보다 광고주가 이런 아이디어를 받아들였다는 게 더 신기한데요?"

"그냥 하던 대로 했지. 광고주에게 스크립트를 읽어 주고 스토리보드(Storyboard) 보여 주면서 그들이 원하면 연기도 해 주고 말이야."

나는 혼자 낄낄대며 웃었다.

"정말 좋은 광고주랑 일하는 것을 감사하게 생각해."

"우리는 몇 년 동안이나 이런 아이디어를 구상하고 광고로 만들어 보고 싶었지만, 단 한 번도 광고주에게 팔린 적이 없었어요."

페러가 말했다.

"여긴 태국이야, 데이비드."

나는 큰 소리로 말했다.

"태국인들은 스트레스 받기를 싫어하고 액션영화와 시끄럽게 떠드는 걸 좋아해. 여기서는 그들을 웃게 만드는 게 먼저야. 그 이후에나 뭘 팔고 싶은지를 알려주는 거지. 태국인들은 극도로 재미있는 걸 보고 싶어 하지. 심각한 건 태국인들의 코드와 절대 맞지 않는다고."

"그게 다른 아시아인들과의 차이점이기도 하지요."

페러가 덧붙였다.

"필리핀 사람들을 봐요. 그 사람들은 정말 모든 걸 너무 심각하게 생각해요."

"태국인들은 웃는 걸 좋아하지."

나는 계속해서 말을 이어 갔다.


페러는 이런 식의 광고를 정말 좋아했고, 한 번만 더 보여 줄 수 없겠느냐고 내게 물었다. 나는 그의 부탁대로 다시 한 번 보여 주었고, 페러처럼 다른 나라에서 태어난 사람도 좋아할 만한 광고를 제작했다는 사실에 스스로를 자랑스럽게 생각했다. 페러가 예의상 좋다고 말하는 것 같지는 않았기 때문이다.

"만일 제가 필리핀에서 이런 광고를 만들었다면 사람들로부터 호되게 질책받았을 거예요. 특히 필리핀은 이미지를 매우 중시하기 때문에 약간이라도 경찰관을 무시하거나 욕하는 내용이 담겨 있으면 안 되거든요."

페러가 말했다.

"태국인들은 그런 것에 별로 연연하지 않아. 놀리고 장난치는 게 취미인 걸."

내가 답했다.

"그리고 그걸 보는 것도 좋아하고. 왜냐하면 태국인들은 보통 사람과는 다른 사람을 보길 좋아하거든. 다르다는 것에 민감하지만 그렇다고 분명한 선이 없는 건 아니야. 놀리는 것에도 선이 있지. 그리고 우리는 그 선을 넘지 않는 한도 내에서 광고를 만드는 거야."

"제품은 잘 팔렸나요?"

페러가 물었다.

"응, 굉장히 잘 팔렸지."

"방송이 나간 지 일주일도 채 안 돼서 사람들이 관심을 보이기 시작했고, 모두들 좋아했지. 물론 이 브랜드 또한 굉장히 유명해졌고 말이야."

"매우 독특하고 긴 광고예요."

페러의 평이었다.

"원래 광고주가 우리에게 원했던 건 30초짜리 광고였지만, 최종 편집이 끝났을 때는 90초가 되어 있었어. 우리는 광고주에게 30초짜리와 90초짜리를 각각 보여 줬지. 그런데 광고주가 돈은 상관없으니까 무조건 90초짜리로 해 달라고 하더군. 하지만 결국엔 우리가 걱정하던 대로 제작비를 받아 내는 데는 몇 년이나 걸렸지."

Chapter
07

나는 안마사 테우에게 말했다. "내가 오토바이 몸체를 당신 손처럼 디자인해 줄게요. 당신이 그걸 타고 다니는 것만으로도 엄청나게 많은 사람들이 당신의 손님이 될 거란 말이죠. 이것이 바로 새로운 방식의 미디어라고 불리는 입소문 광고(viral advertising)예요."

Let's Get a Massage

# 입소문 광고는 새로운 방식의 미디어다

나는 마사지 받는 걸 좋아해서 몸이 피곤하거나 아프다 싶을 때는 항상 마사지를 받으러 간다. 데아르(Dear)와 삭다(Sakda) 씨는 내가 즐겨 찾는 폴로 스포츠클럽의 안마사들이다. 데아르 씨는 뚱뚱해서 그런지 손 힘이 장난이 아니다. 물론 손아귀 힘으로는 삭다 씨를 따라오지는 못하지만.

발마사지를 즐기게 된 건 2년 전 골수감염을 치료하고 난 이후 엄청나게 약해진 왼쪽 어깨와 다리 때문이었다. 여러 가지 방법을 써 보던 중 발마사지를 받게 되었고, 단번에 중독되었다. 그 이후로부터 피곤할 때나 심신이 약해질 때면 항상 발마사지를 받는다. 발마사지는 신체뿐 아니라 머리 그리고 장 순환도 원활하게 해 주기 때문이다.

발마사지가 유행하기 시작한 것은 근래 몇 년밖에 되지 않았지만 유래가 깊다. 기원전 2330년 즈음, 고대 이집트나 중국에서도 발마사지가 유행했고, 현존하는 이집트 벽화에서도 발마사지 받는 장면이 발견된다.

발반사요법(Zone Therapy)의 아버지로 불리는 윌리엄 피츠제럴드(William Fitzgerald)는 중국과 인도의 발마사지가 5,000년이 넘는 역사를 자랑한다고 기록하고 있으며, 인도의 수도승들로부터 시작되어 중국과 일본 전역으로 전파되었다고 말하고 있다. 4세기에 중국은 직접 발마사지 기술을 기록하기에 이르렀고, 발을 만져 주는 것만으로도 충분한 치료가 될 수 있다고 주장하고 있다.

이러한 주장은 인간의 발에 인체의 모든 장기가 지도처럼 연결되어 있고, 모든 기(氣)가 발에 집약되어 있다는 데에 있다. 그리고 안마는 인체의 약한 부분을 찾아내어 강하게 만들어 주는 용도로 쓰인다는 것이다.


"아야! 아파! 삭다! 어딜 누르길래 그렇게 아픈 거야?"

"배를 강하게 해 주는 거예요."

삭다 씨가 바로 대답하고는 그의 중지로 내가 아프다고 소리친 그 자리를 다시 한 번 꾹 눌렀다. 카운터를 보는 여자가 킥킥 웃을 때까지 나는 너무 아파 소리를 질러댔다.

삭다 씨는 자신의 직업에 대한 조예가 깊은 사람이다. 그는 오랫동안 발마사지에 관해 공부했고, 방콕에서 일하는 여느 발안마사보다 자신의 직업에 대한 긍지가 높다. 사실 방콕에 위치한 수많은 발안마 시설에서 일하는 안마사들 중 과연 몇 명이나 반사학과 발반사요법의 차이점을 정확히 알고 있을지는 의문이다. 무엇보다 나무막대기로 안마하는 대부분의 안마사들과는 달리 삭다 씨는 손을 이용하여 천천히 안마를 한다.

"아! 아파, 아파…정말 아프다고! 간 쪽인가?"

나는 그에게 내가 마치 전문가라도 되는 것처럼 말했다.

"네, 맞아요. 오늘은 간 쪽이 좀 안 좋아 보이는군요."

그녀가 대답한다.

"그렇다면 난 우이(Uyi: 자신이 죽인 아이들의 간을 먹은 중국계 태국인 연쇄살인범)나 게꼬(Gecko: 사람의 간을 먹는 것을 좋아한다고 태국인들이 믿는 도마뱀의 일종)를 찾아야겠군."

"왜요?"

그가 묻는다.

"그것들이 내 간을 빨아 먹는다면 이렇게 아프지는 않을 테니까 말이야."

그가 웃음을 터뜨린다.

왠지는 잘 모르지만 마사지를 받고 난 이후에는 새로운 아이디어들이 솔솔 잘 떠오른다. 마사지가 가져다주는 안락감과 편안함 때문인지 때론 안마사를 보면서도 아이디어가 떠오를 때가 있다.

안마사가 손님에게 안마를 해 주는 도중 손님이 잠이 든다. 안마사는 손님이 잠든 것을 모른 채 계속 안마를 하다 잘못하여 손님의 발을 놓치게 되고, 그 바람에 발이 땅에 떨어진다. 안마사는 당황하지만, 손님이 잠에서 깨지 않게 조심스럽게 다시 그 발을 제자리로 붙이려고 한다.

"이거 뭐야? 다시 붙이기도 엄청 힘드네."

발마사지의 아이디어를 스케치한 카툰

안마사는 그렇게 혼잣말을 한다. 그 순간 손님은 눈을 뜨고 자리에서 벌떡 일어나 안마사의 머리를 세게 때리고는 소리친다.

"내가 왼발만 해 달랬지! 오른발은 만지지 말라고 했잖아! 지뢰 밟은 발이었다고!"

이처럼 태국의 유명한 것 중 하나가 마사지법이다. 세계 각국의 사람들이 몰려와 왓포(Wat Pho: 방콕에 위치한 와불상이 있는 절. 태국 마사지의 발생지로도 유명하다)에서 마사지법 수업을 받는다. 방콕에는 태국식 마사지, 전통마사지, 건강마사지, 발마사지 등 정말 많은 종류의 마사지법이 있다. 잘하는 곳도 많고, 그렇지 않은 곳도 많다.

태국은 또한 온천으로도 유명한데, 방콕뿐 아니라 여러 지역에 분포되어 있다. 나는 온천도 좋아해서 여행 가는 곳마다 항상 그 지역에서 유명한 온천을 찾는다. 가끔 이렇게 훌륭한 온천에 갈 때면 내가 태국인으로 태어난 것이 행운으로 느껴진다. 맛있는 음식, 값싼 물건들, 최고 수준의 마사지 그리고 태평한 라이프스타일까지 모든 것이 고맙게 느껴진다.

다시 마사지 이야기로 돌아가자. 위에서 언급한 두 명의 안마사말고도 한 명이 더 있는데, 그녀는 바로 테우(Tew)라는 이름의 안마사다. 나의 휴가철 마사지를 책임져 주는 사람이다.

테우는 50대 후반이며 검은 피부에 체격이 크고 상냥하다. 실크 블라우스에 재킷을 걸쳐 입기를 좋아하는데 그 때문인지 장군 부인 같은 이미지를 풍긴다. 그녀는 싸움엔 절대 질 일은 없어 보이는 매우 굵고 큰 손을 가졌다. 동네 사람 대부분을 알고 있는 테우는 손님이 부를 땐 언제나 오토바이를 타고 뻬츠끄라셈(Petchkrasem)로를 지나쳐 손님을 만나러 간다.

테우를 위해 나는 명함을 디자인해 주었다. 오토바이 바퀴 위에 손을 얹고 있는 이미지였는데, 찾아가는 안마 서비스를 의미하는 것이었다. 명함을 만들어 주긴 했지만, 부끄러운 탓인지 그녀는 한 번도 그 명함을 쓰지 않았다.

내가 왜 명함을 쓰지 않느냐고 묻자, 그녀는 "수티 씨, 사람들이 저를 미쳤다고 생각할지도 몰라서 그래요."

"일단 믿고 내가 말한 대로 한 번 해 봐요. 사람들의 관심을 끌고 손님들을 늘릴 수 있는 가장 좋은 방법일 거예요. 이걸 본 사람들은 입소문을 내 줄 테고 최고의 광고 효과를 누릴 수 있다고요."

내가 말했다.

"내가 이 명함에 있는 것처럼 당신의 오토바이를 다시 디자인해 줄게요. 오토바이 몸체를 당신의 손처럼 만드는 거예요. 그러면 모든 사람들이 알아볼 거예요 생각해 봐요! 당신이 그걸 타고 다니는 것만으로도 엄청나게 많은 사람들이 당신의 손님이 될 거란 말이죠."

그녀는 몹시 웃었지만, 그 아이디어로는 안 된다고 머리를 흔들었다.

"이것이 바로 새로운 방식의 미디어라고 부르는 입소문 광고(viral advertising)예요. 돈 들여서 광고전단을 만들어 뿌리는 것보다 더 나은 광고 방식이라고요."

이 명함과 당신의 오토바이로 먼저 사람들의 눈을 사로잡은 후 전단지 몇 장만 뿌려 주면 사람들은 당신이 누군지 궁금하게 될 겁니다. 당신이 무엇을 하는 사람인지 그리고 당신이 누군지를 기억하게

테우의 명함: 오토바이 바퀴 위에 얹은 손



테우를 위해 나는 명함을 디자인해 주었다. 오토바이 바퀴를 손에 들고 있는 이미지였는데, 찾아가는 안마 서비스를 의미하는 것이었다. 명함을 만들어 주긴 했지만, 부끄러운 탓인지 그녀는 한 번도 그 명함을 쓰지 않았다.

"

될 거예요. 그리고는 자기 친구들에게 얘기하겠죠."

나는 나의 아이디어가 그녀에게 이익을 가져다줄 것이라고 설득시키려 애썼지만, 아쉽게도 그녀는 내 말의 요점을 찾지 못하고 있었다.

"좋은 아이디어지만, 사람들 앞에서 미친 사람으로 보이는 행동은 별로 하고 싶지 않아요."

하지만 나는 계속해서 그녀를 설득하려 애썼고, '마사지 배달 서비스'라는 메시지를 담은 '저비용 고수익'의 광고 방식이 그녀에게 얼마나 많은 이득을 줄지에 관해 설명했다.

"좋은 아이디어네요! 쉬운 방식으로 사람들의 관심을 끌 수 있겠어요."

그녀는 그제야 내 말의 요점을 제대로 파악한 듯 말했다.

"손 모양으로 된 오토바이처럼 말이에요. 정말 심플하면서도 색다른 방식으로 사람들의 이목을 끌 거라구요."

나는 우리의 주제로 다시 돌아와서 말했다.

"말도 안 돼요! 내 나이가 있잖아요, 신문이나 뉴스에 나고 싶은 마음도 없어요."

그녀는 웃으며 말했다.

결과는 그리 만족스럽지 않았지만, 그녀를 웃게 했다는 것에 만족하기로 했다. 그녀는 재치 있고 농담과 진담을 제대로 구분할 줄 알았다. 그녀의 마사지는 강하지만 부드럽다. 손가락으로 뭉친 근육이 풀릴 때까지 눌러 준다. 단점이 있다면 아픈 건 곧 사라져도 멍은 남는다는 것 정도.

나는 자전거 타기나 걷기를 즐기기 때문에 발이 아플 때가 많다. 요즘엔 테니스도 치기 때문에 어깨와 어깻죽지가 많이 뭉치기도 한다. 사실 쉽게 칠 수도 있겠지만, 타고난 승부욕 덕분에 필드에만 올랐다 하면 로저 페더러(Roger Federer)가 되기 때문이다. 나이가 들면 들수록 점점 마사지에 의존하게 되는 것 같다.

Chapter
08

　한밤에 나는 천둥소리에 깼다. 번개가 내 방 창문 너머로 번쩍이고 있었다. 비몽사몽간에 중얼거렸다. '아, 천사들아 번개 좀 멈춰라.' 바로 그 순간 노트에 적어 놓은 이미지. 그것이 바로 하얀 날개와 가운을 걸친 천사가 구름 위에 걸터앉아 FB 배터리를 가지고 장난치는 ADFEST 은상 수상작이 되었다.

One Stormy Night's Dream

# 아이디어는 꿈속에서도 나올 수 있다

아버지는 차를 정말 좋아하셨다. 그 이유에서인지 영국에서 기계 공학을 전공하셨고, 자동차 엔진 고치기를 특히 즐기셨다. 유학을 마치고 태국에 돌아와 폭스바겐(Volkswagan) 현지 딜러인 Prachayon 이라는 회사에 취직하셨다. 차는 아버지에게 사탕과도 같은 존재였다.

아버지께서는 어머니를 위해 독특한 차를 다량으로 소유하였고, 중고차와 쉽게 고장 나고 고치기도 어려운 차들을 사 모았다. 그가 산 차들은 Austin mini, Jaguar E-type과 XJ 6, NSU RO-80, Mustang, Audi, Morris Minor 그리고 Renault까지 모두 다 유럽 자동차였다. 웬일인지 아버지는 안전하기로 유명한 일본 차에는 도통 관심이 없었다. 기계공학을 전공하신 아버지였기에 당신의 차는 물론 다른 차까지 스스로 다 고치시는 덕분에 우리 가족 모두는 차 고장으로 길 한가운데 서게 되는 일에도 익숙해졌다. 우리가 아버지에게 차를 고쳐 달라고 전화하면 아버지는 차가 멈춰 선 장소로 달려와서는 항상 고쳐 주시곤 했다.

주말이 되면 아버지는 거의 모든 시간을 차를 돌보는 일에 몰두했다. 나는 동생과 함께 아버지 옆에서 도와드리곤 했는데, 도와드렸다는 말보다는 공구들을 가지고 놀았다는 말이 더 맞을 수 있겠다.

"positive(+)는 전류가 흐르는 쪽이고, negative(-)는 접지하는 쪽이야."

아버지께서는 이것을 꼭 기억하라고 말했다. 배터리를 연결할 때는 정확한 극에 선을 연결해야 한다고 하셨다.

한 번은 서로 극이 다른 선을 이었는데 탁! 탁! 소리를 내며 불꽃이 났다.

"그걸 가지고 장난치면 안 돼! 위험하단다."

아버지가 말씀하셨다.

탁!…탁…꽝! 양극과 음극을 이어 주는 전선이 있는 클립을 만졌을 때 번뜩이며 빛을 냈다.

"이리 내!"

아버지께서 소리치셨다.

"12볼트밖에 되지 않아도 조심해야 한다고 얘기했잖니."

덕분에 차와 차 엔진에 관해서 기본 지식은 터득했지만, 한 번도 아버지처럼 차를 고칠 수는 없었다. 공구를 가지고 노는 게 더 좋았고, 아버지는 그때마다 떨어져 있으라고 소리치셨다.

처음 BBDO Bangkok에 입사했을 무렵, FB라는 배터리 회사에서 광고를 문의해 왔다. 광고주는 소비자에게 FB 배터리는 안전하고 시중의 다른 배터리만큼 성능이 좋다는 인식을 심어 주고 싶어 했다. 그들이 급히 광고를 해 달라고 주문한 탓에 우리에게는 시간이 얼마 없었다.

쾅! 쾅!

어느 날 밤, 나는 천둥소리에 잠에서 깼다.

탁! 탁! 쾅! 쾅!

번개가 내 방 창문 너머로 번쩍이고 있었고, 얼마 지나지 않아 엄청나게 큰 천둥이 쳤다.

'아…천사들아 번개 좀 멈춰라.'

나는 마음속으로 생각했다.

"꿍꿍(Kung Kung)은 아마도 지금쯤 무서워서 새장에 오줌을 쌌겠지."

바로 그 순간 머릿속에 한 가지 이미지가 스쳐 지나갔다. 그건 바로 하얀 날개와 가운을 걸친 천사가 구름 위에 걸터앉아 부스터 케이블을 가지고 놀고 있는 그림이었다.

어릴 때 내가 그랬듯 천사는 서로 맞지 않는 전기선을 잇는다. 곧 탁! 탁! 불꽃이 튀기고 소리를 내더니 결국에는 쾅 소리와 함께 번뜩이는 섬광이 발생하는 것이다.

곧바로 손을 뻗어 노트에 방금 떠올렸던 이미지에 대해 적어 놓았다. 꿈이었는지도 모르겠다. 반쯤 잠들어 있었던 것 같기도 하고

다음 날 회사에 출근하자마자 어젯밤에 적어 놓은 내용을 컴퓨터로 타이핑 해 파트너에게 가지고 갔다.

처음 BBDO Bangkok에 입사했을 무렵, FB라는 배터리 회사에서 광고를 문의해 왔다. 광고주는 소비자에게 FB 배터리는 안전하고 시중의 다른 배터리만큼 성능이 좋다는 인식을 심어 주고 싶어 했다. 그들이 급히 광고를 해 달라고 주문한 탓에 우리에게는 시간이 얼마 없었다.

쾅! 쾅!

어느 날 밤, 나는 천둥소리에 잠에서 깼다.

탁! 탁! 쾅! 쾅!

번개가 내 방 창문 너머로 번쩍이고 있었고, 얼마 지나지 않아 엄청나게 큰 천둥이 쳤다.

'아…천사들아 번개 좀 멈춰라.'

나는 마음속으로 생각했다.

"꿍꿍(Kung Kung)은 아마도 지금쯤 무서워서 새장에 오줌을 쌌겠지."

바로 그 순간 머릿속에 한 가지 이미지가 스쳐 지나갔다. 그건 바로 하얀 날개와 가운을 걸친 천사가 구름 위에 걸터앉아 부스터 케이블을 가지고 놀고 있는 그림이었다.

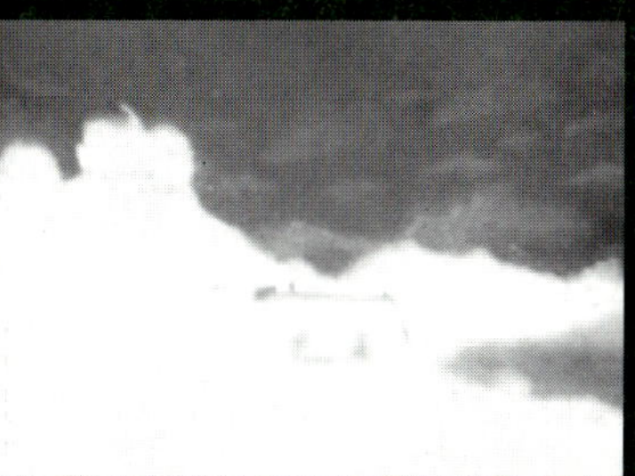

FB 배터리 광고? 'Lightning'

"데차(Decha), 어젯밤에 정말 희한한 꿈을 꿨어."

"뭘 봤는데?"

그는 약간 장난기 섞인 말투로 응수했다.

"천사들이 구름 위에 걸터앉아서 부스터 케이블을 가지고 번개를 만들어 내고 있는 모습. FB 배터리 광고에 적합한 아이디어 같지 않아?"

데차는 낄낄대며 웃어댔다.

"재미있네!"

그가 웃으며 대답했다.

"바로 이거야! 광고주하고 한 번 상의해 보자!"

"좋아. 조금 더 다듬어야겠지만."

내가 말했다.

"곧 회의를 잡아 줘."

그 다음 날 데차와 나는 광고주에게 아이디어를 제시했고, 이것은 성공이었다.

"정말 좋아요."

광고주 측에 있던 누군가가 말했다.

"이제부터는 사람들이 천사표 배터리라고 부르겠는걸요. 아주 좋습니다, 수티 씨."

"고마워요. 아마도 천사라는 단어가 제품에도 굉장히 긍정적인 이미지를 부여할 거예요."

그가 덧붙였다.

"혹시 천사가 백인이거나 다른 인종일 수는 없을까요?"

그가 물었다.

"옛날 태국식 천사가 나오는 TV 프로그램이랑 차별을 두고 싶어서 말이죠."

광고가 나간 지 몇 주 되지 않아 FB 배터리는 엄청나게 팔려 나갔고, 꽤 유명한 배터리 회사가 될 수 있었다. 광고는 태국 전 지역에서 관심을 끌었고, 그해 ADFEST에서 은상을 받았고, Tact 광고제에서도 수상을 했다. 먼저 나는 아버지께 감사드린다. 아버지가 아니었더라면 아마도 이 광고는 만들어질 수조차 없었을 테니 말이다.

Chapter
09

09 Bossanova: Changing the Rhythm of Life

Bossanova: Changing the Rhythm of Life

# 보사노바 : 인생의 리듬을 바꾸다

어릴 적부터 나는 음악에 관심이 많았다. 열 살이 되었을 때 처음 기타라는 악기를 손에 잡았다. 아버지, 형, 삼촌 등 나와 가장 가까운 가족이 기타를 쳤기 때문에 별다른 생각 없이 시작한 것이었다. 아버지의 어른 사이즈 기타를 물려받아 치기 시작했는데, 내겐 지나치게 크게 느껴졌다. 보다 못한 아버지는 아동용으로 나온 작은 기타를 사 주었다. 그 기타는 아직도 집에 고이 모셔 놓고 있다. 아버지의 낡은 기타와 함께.

나는 한 번도 제대로 된 기타 레슨을 받아 보지 못했다. 아무도 연 주법을 알려 준 적은 없지만, 왠지 형을 이겨 보고 싶은 마음에 혼자 열심히 연습했다. 당시 형이 연습하던 레드 제플린(Led Zeppelin)의

'Stairway to Heaven'이나 딥 퍼플(Deep Purple)이 연주한 'Highway Star' 같은 곡들을 귀로 듣고 하나하나 익혀 가며 밤새워 기타를 쳤다.

결국 예스(Yes)의 'Mood for a Day'라는 곡을 마스터했다. 특히 이 곡은 스티브 하우(Steve Howe)의 화려한 기타 솔로가 돋보이는 곡인데, 하루 종일 이 곡만 연습하다 보니 결국 이 곡이 유일하게 내가 연주할 수 있는 곡이 되었다.

중학생이 되었을 무렵, 친구들이었던 차르트차이와 몬트리와 함께 포크밴드를 결성해 규칙적인 연습을 시작했다. 우리는 함께 포크 송 콘테스트에 나갈 꿈을 꾸었고, 피터, 폴 앤드 메리(Peter, Paul and Mary)나 사이먼 앤드 가펑클(Simon and Garfunkel) 그리고 아메리카(America)의 곡들을 연습했다. 얼마 되지 않아 우리 실력은 학교 주최의 포크 송 콘테스트에서 우승할 만큼 성장했다. 밴드의 이름은 'Amoeba'라는 매우 시시한 이름이었는데, 그 당시 우리는 아메바에 대해 배우던 나이였기 때문이다.

콘테스트 우승 이후 우리는 자신감을 가지게 되었고, 연주를 할 수 있는 곳이라면 어디든 달려갔다. 더 이상 장소는 문제되지 않았다. 친구들을 불러 집 주차장에서, 친구 집에 놀러 가서도, 학교 카페테리아에서도, 나중에는 출라롱콘(Chulalongkorn) 대학의 법학부 식당에서도 연주를 했다.

우리가 가장 빛났던 그해 밴드는 해산되었고, 이미 유행은 로큰롤이라는 새로운 장르로 변해 있었다. 새로운 장르의 탄생은 우리가 다시 뭉칠 수 있는 계기가 되었고, 이후로 레드 제플린, 캔자스(Kansas), 셔벗(Sherbet), 마운틴(Mountain), 위시본 애시(Wishbone Ash)의 곡들을 연습하기 시작했다.

새로 구한 연습실은 시암(Siam) 광장 근처에 위치한 작은 스튜디오
였다. 솔직히 다시 시작한 로큰롤 밴드는 그리 성공적이지 못했다.
주위에 우리보다 실력이 뛰어난 좋은 밴드들이 점점 많아졌고, 그에
비해 우리는 그리 대단치 못했기 때문이다. 고등학교를 마지막으로
밴드는 해체되었다.

출라롱콘 대학 건축학부에 입학하면서 다시 밴드 활동을 시작했
지만, 시작한 지 2년 만에 또다시 그만두었다. 부끄러운 이야기지만
당시 난 내 실력에 대해 한 치의 의문도 들지 않았다. 하지만 그 생각
은 단 한 사람으로 인해 산산조각 났다.

친구였던 투앙은 키가 작고 뚱뚱한, 얼굴도 그리 잘 생기지 않은
친구였는데, 그 친구 집에 놀러 간 어느 날 녀석이 기타를 치는 모습
을 보게 되었다. 그런데 지미 헨드릭스(Jimi Hendrix)와 음색이 똑같
은 게 아닌가! 그는 지미 헨드릭스와 똑같은 기타인 펜더 스트래토
캐스터(Fender Stratocaster) 기타를 들고, 똑같은 이펙트(effect) 기계를
사용하고, 방은 지미 헨드릭스의 공연이 담긴 비디오와 책들로 가득
차 있었다.

투앙의 실력과 그에게서 묻어 나오는 지미 헨드릭스의 모습에 나
는 할 말을 잃었다. 그 순간 난 "때려치우자!"라는 말을 속으로 삼켰
다. 너무 빨리 포기했는지 모른다. 하지만 그 순간 나의 실력이 얼마
나 보잘것없는 것인지를 깨달았다.

그 이후로 내가 다시 기타를 잡기 시작한 건 불과 4~5년 전 숙모가
보내 주신 낡은 기타를 받았을 때이다. 빈티지 기타 수집이나 해 볼까
하는 생각에 시작한 일이었다. 시작은 아버지와 형 그리고 삼촌의 오
래된 기타였다. 그 후로 사들이고 바꾸고 하다 보니 어느새 20개나 되

는 기타를 수집하게 되었다. 나는 그때 한창 빈티지 기타에 미쳐 있었다.

어느 날 수쿰빗(Sukhumvit) 23번가를 지나다 안논(Arnon) 숍 진열대에 놓여 있는 기타를 발견하고는 재빠르게 점원에게 한 번만 볼 수 있겠냐고 물었다. 역시나 그것은 Martin사에서 만든 D-41이었다.

"한 번만 연주해 주실 수 있겠습니까?"

내가 물었다.

"그럼요."

그가 말했다. 그는 곧 비틀즈(Beatles)의 'Day Tripper'라는 곡을 토미 이매뉴얼(Tommy Emmanuel)이 편곡한 버전으로 들려주었다. 베이스와 코드 그리고 멜로디까지 함께 넣은 덕분에 매우 훌륭하고 아름다웠다.

"정말 잘하시는군요."

내가 말했다.

"가게 점원이 이렇게 아름답게 연주하리라고는 생각하지 못했습니다."

솔직히 말하면 그가 존경스러웠다.

"저는 기타 수업도 하거든요."

그는 나에게 그의 학원 브로슈어를 내밀며 말했다.

"제가 운영하는 학원은 2층에 있습니다. 가게도 제가 운영하고 있지요."

그의 말을 듣자마자 수강신청을 했다. 이제는 밴드보다는 솔로가 해 보고 싶었다. 하지만 그것도 결국에는 포기하고 말았다. 2년 동안 레슨을 받았지만 보컬이 없어서 그런지 쉽게 질리고 만 것이다. 혼자서 한다는 지루함도 버텨 내기 힘들었다. 게다가 악보를 본 적도 없다. 왜냐하면 모든 걸 다 듣고 외워 버렸기 때문이다.

그 후 얼마 지나지 않아 토르 산띠시리(Thor Santisiri)라는 사람을 알게 되었고, 그의 기타 연주를 듣게 되었다. 토르는 나의 사수 크리에이터이자 태국 광고계의 전설 중 한 명인 사람이다. 그는 보사노바(Bossanova) 스타일의 음악을 연주했는데 매우 아름다웠다. 토르는 나에게 프랑스인 기타리스트를 소개시켜 주었다. 이름은 질베르(Gilbert)였고, 우리는 바로 레슨을 시작했다. 그는 정말 굉장한 실력을 갖추고 있었고, 내 생각에 분명 보사노바 계열의 음악에서는 상당히 인정받는 연주가임에 틀림없었다.

보사노바는 '새로운 바람'이나 '새로운 리듬'을 뜻하며, 삼바(Samba) 음악에서 파생된 음악이다. 보사노바라는 장르의 음악은 1950년 브라질에서 태생된 음악으로, 1950년대 중상류층을 위한 음악으로서의 역할을 했다.

그리고 얼마 후 이 새로운 장르의 음악은 리우데자네이루의 해변가 지역으로 퍼지면서 브라질 음악의 새로운 지표로 떠오르게 된다. 주목할 만한 점은, 1950년 전후로 브라질 내부에서 생긴 많은 정치적 · 경제적 개혁이다. '문명과 문명의 충돌은 새로운 문화의 시작'이라는 옛말처럼 사회계층의 충돌이 생길 때 새로운 문화가 탄생되는 것 또한 같은 맥락이라는 생각이 든다.

보사노바가 삼바와 다른 점은 가사의 내용에 있다. 삼바와 다르게 보사노바는 사랑과 리우데자네이루의 아름다운 해변가 그리고 여성의 아름다움을 노래한다.

"오른손의 움직임을 주시해."

질베르가 말했다.

"오른손의 움직임은 보사노바에 있어서 심장과도 같은 거야. 당김음이라고도 하지."

질베르는 내게 말하는 순간조차 나일론으로 만들어진 그의 기타 줄에서 손을 떼지 않았다.

"왼손은 재즈에서 쓰이는 코드 진행대로 움직이지. 그리고 무엇보다 코드를 한 번에 쳐 주는 게 중요해."

질베르는 매우 차분하게 설명했다. 하지만 제대로 된 음악교육을 받지 않았던 나는 그의 손을 따라 가는 것밖에는 그 말을 이해할 방법이 없었다. 또한 기타 선생님은 오래된 영화를 추천해 주었다. 〈흑인 오르페(Black Orpheus)〉라는 영화였다. 이것은 우리가 익히 들어 알고 있는 보사노바의 대가이자 매끄럽고 부드러운 목소리의 소유자였던 아스트루드 질베르토(Astrud Gilberto)나 재즈계의 대부로 알려진 스탠 게츠(Stan Getz) 시대 이전에 만들어진 영화로서 보사노바를 세계에 알린 첫 번째 영화이자 후기 음악에 지대한 영향을 미치기도 했다. 포르투갈어로 만들어진 영화이지만 정말 마음에 들어 몇 번을 반복해 보았다.

영화 중간 중간에는 안토니오 카를로스 호빔(Antonio Carlos Jobim)과 루이스 본파(Luiz Bonfa)가 작곡한 사운드트랙이 수록되어 있고, 특히나 'Felicinade'나 'Manha de Carnival'은 '현존하는 가장 아름다운 영화음악' 리스트에 빠지지 않고 등장하고 있으며, 아직도 수많은 후기 음악가들에 의해 꾸준히 재편곡되고 있다.

영화 〈흑인 오르페〉는 1959년 칸 국제영화제(Festival De Cannes)에서 황금종려상을 수상했으며, 아카데미 어워드와 골든 글로브에서는 해외영화 부문에서 수상했다.

질베르에게 기타를 배운 지 몇 달이 지나 토르는 'The Wednesday'라는 이름의 밴드를 조직했다. 우리는 매주 수요일 연습모임을 가졌고, 보사노바 스타일의 음악만을 고집했다. 질베르는 우리에게 조언을 아끼지 않았고, 포기하려고 할 때마다 도와주려고 애썼다. 또한 그는 밴드에 가수가 필요할 때마다 출라롱콘 대학의 보컬학부 재학 중인 쁘래와 파사이도 소개시켜 주었다.

우리는 매주 모여 안토니오 카를로스 호빔의 음악이나 루이스 본파, 조앙 질베르토(João Gilberto)의 음악을 들으며 연주한다. 사실 'The Wednesday'는 2003년 BBDO의 연말 파티 공연이 처음이자 마지막이었다. 그러나 여전히 매주 수요일 저녁 6시에 만나 연습하는 것을 잊지 않는다.

나는 진심으로 보사노바를 사랑한다. 보사노바의 리듬은 나의 생활리듬을 바꿔 놓기 때문이다. 일과 스트레스에 쌓여 힘들어질 때 내가 잠시나마 숨을 쉴 수 있는 조그마한 안식처이자 나의 빡빡하디 빡빡한 스케줄에 혹은 무더운 한여름 밤에 불어오는 산들바람이라고나 할까.

Chapter
10

Anyone Can Be a Creative

# 누구나 크리에이터가 될 수 있다

언젠가 조카 빱(Pap)이 나에게 물었다.

"수티 삼촌, 크리에이티브가 되려면 어떤 사람이 되어야 하죠?"

빱이 BBDO에서 인턴을 하고 있을 때의 일이니 꽤 오래전 일이다.

"누구나 가능하지."

내가 따분하다는 말투로 대답했다.

"누구나. 하지만 현실에 길들여지지 않은, 아이 같은 상상력을 발휘할 수 있는 사람. 그러니까 다시 말하면 남들처럼 생각하고 상상하는 그런 평범한 사람은 절대로 좋은 크리에이티브가 될 수 없어."

옆에 있던 제작팀원들은 다소 엄한 내 말투가 웃기는지 킥킥대며 웃었다. 나는 말을 이어 갔다.

"내 말뜻을 알겠니? 크리에이티브에게 필요한 건 특별하지만 누구도 상상할 수 없는, 한 마디로 완벽한, 설명이 불가능한 그런 상상력이야."

광고에는 풋내기인 조카는 이해하지 못한다는 듯 고개를 기우뚱하며 나를 바라보았다.

곧이어 옆을 지나가던 육중한 몸매의 소유자인 AE(account executive)를 가리키며 말했다.

"예를 들면 통상적으로 우리가 살고 있는 세상의 사람들은 저 여자가 뚱뚱하다고 생각하지만, 사실은 그게 아닌 거야. 저 여잔 단지 몸매에 어울리지 않는 옷을 입고 있을 뿐이지. 어느 찌는 듯이 더운 여름날 땀으로 다 젖은 옷을 끌고 집으로 돌아가 TV 앞에 누워 있는 남편에게 '이런 옷을 입고 다니라는 건 미친 짓이야 알아!!' 라고 소리치고 자신의 옷을 벗어 남편에게 던져 버리지. 속옷만 입고 있는 그녀의 몸매는 패멀라 앤더슨 리(Pamela Anderson Lee)만큼이나 섹시하지. 그녀가 회사에서 뚱뚱해 보였던 이유는 남편 때문이었지. 남편은 질투쟁이였던 거야. 아내가 그 몸매로 바람을 피우지나 않을까 하는 의심 때문에 몸을 옷으로 꽁꽁 싸매고 다니게 했던 거지."

이야기가 끝나자 뽑은 바닥을 데굴데굴 구르고 있었다.

"이제 너로 바꿔 볼까? 입 벌리고 웃는 모습. 턱이 그 상태로 빠져 버린다. 이 방에 있는 사람들이 너에게 달려들어 닫아 주려 해. 하지만 불가능하지. 병원에서도 방법이 없다고 하고. 자, 이제 너는 별다른 방법이 없다는 걸 깨닫고는 복싱장으로 달려가 깝죽대기 시작하는 거야. 열 받은 복서는 있는 힘껏 어퍼컷을 날리지."

빱을 비롯한 후배들은 이젠 거의 웃다가 실신할 정도였다. 나는 조카가 숨겨진 메시지를 알아들었으리라 생각한다. 크리에이티브가 되기 위한 상상력이 어떤 것인지를 말이다. 물론 그가 그런 기발한 상상을 해낼 수 있는지는 두고 보아야 할 일이지만 말이다. 또한 어릴 적부터 간직했던 정말 말도 안 되는 이야기도 빱에게 해 주었다. 물론 가족들은 정말 지겹게 몇 번이나 들었던 얘기다.

가끔은 이런 말도 안 되는 상상 하나로 광고를 만들어 돈을 버는 것이 신기하게 느껴질 때가 있다. 사람들이 좋아해 주고 그들을 기분

"
"오토바이 택시를 가지고 아이디어를 만들 수 있겠어요?"
조카가 나에게 도전해 왔다. 아마도 생각해 온 아이디어가 이미 있었나 보다.
내가 이야기를 꺼낸다.
"공동묘지 앞에 줄 서 있는 오토바이 택시는 어떠냐? 어떤 한 남자의 오토바이 택시가 혼자 손님을 기다리고 있지. 물론 동료들은 각자의 손님과 함께 있고. 그런데 갑자기 어떤 여자가 오토바이에 점프하듯 타고서는 헬멧은 필요 없다고 말하는 거야. 하지만 남자는 뒤돌아보지도 않고 헬멧을 내밀며 '써야 해요. 교통위반 딱지 떼고 싶은 마음은 없으니까'라고 말하지. 하지만 여자는 헬멧을 쓰는 대신 그녀의 머리를 떼어서는 그 남자에게 건네주고 그녀의 머리 위에 헬멧을 직접 씌우라고 말하지. 남자는 깜짝 놀라 오토바이에서 뛰어내려서는 뒤도 돌아보지 않고 뛰는 거야. 그 여자는 머리 없는 귀신이었던 거야."
"

좋게 만들 수 있다는 것이 뿌듯하다. 하지만 가끔은 광고주가 쳐 놓은 울타리 안에서 누구도 불쾌하게 하지 않는 광고를 만들어야 한다는 것에 짜증이 나기도 한다. 그런 면으로 볼 땐 각각의 아이디어에 자유를 부여하는 영화 쪽이 조금 더 적성에 맞을지도 모른다.

이야기를 마치자 몇 명이 웃었다. 물론 그리 큰소리는 아니었다. 주위는 금세 쥐 죽은 듯 조용해졌고, 불쌍한 나의 조카 빱은 움직임도 없이 서 있었다. 분명 귀신이 무서운 게다!

그 후로 얼마 동안 빱은 나에게 아무것도 묻지 않았다. 사실 빱에게 해 주었던 얘기들은 다 말이 안 되는 이야기들이다. 그리고 이것은 누구에게나 마찬가지다. 누군가 나에게 아이디어를 물어보면 나는 말도 안 되는 이야기를 해 준다. 하지만 그것이 시작이다. 그 말도 안 되는 상상 하나가 사람들 생각의 물꼬를 터 주는 역할을 하기 때문이다. 자신감을 북돋아 줌으로써 그들이 자신 있게 자신의 생각을 표현하게 하는 것. 그 다음에 어떻게 광고주를 말로써 설득하느냐 하는 것이 관건이다.

몇 달 전, 친구인 앤이 자신의 아들을 BBDO 크리에이티브 부서에서 인턴을 시켜 줄 수 없겠느냐고 물었다. 아들의 이름은 늣이었다. 얼마 지나지 않아 나는 늣과 2명의 출라롱콘 대학 출신 인턴의 두뇌 회로 시스템을 '기발한 상상력'으로 바꾸어 재부팅시켜 주었고, 그들은 기막힌 새로운 아이디어를 내기 시작했다.

추잉껌(chewing gum)으로 아이디어를 내오라고 했다. '몇 개의 혀가 땅바닥에 굴러다니고 아이들은 어떤 것이 자기의 혀인지 찾아다닌다' 라는 내 아이디어를 필두로 회의가 시작되었다.

"모반(birthmark)이 남아 있는 게 네 거야."

한 아이가 어떤 혀를 가리키며 말한다.

"그건 조(Joe)의 것이야. 발진이 있는 거."

"아니야! 그건 내 거야 핑크색에 뾰족한 거."

그들은 추잉껌을 너무 씹어 대다 혀까지 씹어 떨어뜨렸는데도 계속 껌을 씹고 있다. 아이들이 누구 혀인지 싸우고 있는 동안 청소부가 땅에 떨어진 혀들을 치운다.

나는 항상 사람들의 아이디어를 유발해 그들이 표현하기 수월하게 한다. 예를 들면 늣의 아이디어는 아이들이 추잉껌을 씹고 그 회사의 껌 광고가 거짓말을 했다고 얘기하는 것이었다. 그 껌 광고는 "만일 당신이 이 껌을 씹는다면 굉장한 아이디어들이 샘솟을 거예요"라는 것이었지만, 아이들에게는 정작 아이디어가 샘솟지 않았다. 그때 한 아이가 "이런 거짓말쟁이들. 아무런 아이디어도 생기지 않잖아!"라고 소리치며 껌을 뱉는다. 그때 혀와 장기가 껌과 함께 밖으로 튀어나오고 아이는 계속 밖으로 그것을 잡아당긴다. 그런데 무언가 자꾸 걸린 것같이 느껴져서 더 세게 잡아당긴다. 그것은 다름 아닌 아이의 뇌였고, 그때 땅에 떨어진 껌이 웃으며 아이에게 말한다.

"그것 봐! 날 씹으면 굉장한 아이디어가 떠오를 거라고 말했지!"

나는 새로운 크리에이터들을 교육시키고 그들의 상상력을 극한으로 이끌어 주는 것이 중요하다고 생각한다. 그렇게 함으로써 그들은 남과 다른 새로운 생각을 하게 될 것이기 때문이다.

Chapter
11

음주운전방지 캠페인에 피를 보여 주는 광고는 한물갔다. 나는 "음
주운전하지 마세요" 거듭되는 성우의 목소리에 술 취한 10대들이 차
에 타는 대신 차를 들어 올려 주차장에서 나가고 톨게이트도 빠져나
가는 장면을 기획했다. 심각한 캠페인도 재미있어야 성공을 거둔다.

# Don't Drink and Drive
# 공익광고도 재미있어야 한다

Ogilvy & Mather에서 근무할 때의 일이다. 직장 선배 중 한 명이 말했다.

"공익광고를 만들 때 사람들의 관심을 끄는 가장 중요한 요소는 공포 심리를 조성하는 거야. 만약 그렇지 못하다면…"

그는 약간 뜸을 들인 다음 말했다.

"절대로 사람들의 관심이나 이해를 얻지 못할 거야. 이번 음주운전 캠페인 또한 마찬가지겠지. 다소 충격적인 사고 장면들을 채워 넣어야 할 거야."

"누구나 그렇게 하지 않나요? 사실 무수히 많은 공익광고들이 그런 식으로 제작되잖아요. 너무 단조로운 것 같은데, 시청자들은 분명 지루해 할 거예요."

내가 반박했다.

나는 새로운 시도와 발상을 중시하였고, 이미 사람들에게 익숙해진 방식의 공익광고보다는 새로운 방식의 발상이 필요하다고 생각했다. TV에서 나오는 차 사고로 죽거나 다친 사람들을 보는 것은 충격보다는 지루함을 주는 것이 현실이기 때문이다. 예를 들면 유럽에서 흔히 볼 수 있는 죽은 사람의 썩은 폐 사진이 담뱃갑에 버젓이 붙어 있는데도 담배를 피우는 인구는 줄지 않는 것(물론 담배에는 중독 물질이 있지만)과 비슷한 맥락일 것이다. 사실 처음 이런 방식의 공익광고는 매우 성공적이었고, 담배를 피우는 인구는 급감했다. 하지만 몇 년이 지난 지금, 사람들은 이런 식의 광고에 익숙해졌고, 이제는 다른 방식의 충격을 주어야 한다. 다시 한 번 말하지만 사람들은 익숙함에 지루해 하고, 이러한 익숙함은 광고를 만듦에 있어서 넘어야할 가장 큰 어려움 중 하나인 것이다.

"사람들에게 친절하게 '음주운전하지 마세요'라고 해서는 설득력이 없어."

그가 내게 말했다.

"빠른 결과를 얻으려면 피를 보여 주는 방법밖에는."

그의 말투는 약간 가학적이었다.

"그렇다면 저는 이 프로젝트에서 손 떼겠습니다. 이제 선배님 마음대로 피 보는 광고를 찍을 수 있겠군요."

다소 조소 띤 말투로 대화를 끝맺고 나는 뒤도 돌아보지 않고 방으로 돌아왔다.

BBDO 방콕지사에 처음 입사했을 때, 광고주 중 한 명이었던 윙차녹 뭉꾸드 체바시리(Wangchanok Mungkud Chevasiri)는 나에게 Black Thai 위스키의 음주운전방지 캠페인을 하고 싶다고 말했고, 나는 '제발 술 마시고 운전하지 마세요'라는 메시지가 담긴 나름 재미있는 광고를 기획했다.

광고의 배경은 술집이고 술 취한 몇 명의 10대들이 비틀거리며 술집을 나가려 하지만, 그 문은 닫혀 있어 결국은 다른 문을 통해 주차장으로 걸어간다.

그때 한 목소리가 겹쳐 나온다.

"음주는 당신의 운전 능력을 망쳐 놓습니다. 음주운전하지 마세요. 당신에게 행복을, Black Thai로부터."

그들은 차에 타는 대신 차를 들어 올려 주차장에서 들고 나간다. 주차요원은 태연하게 그들을 막고 차도로 안내한다. 통행료를 지불하는 톨게이트에서 걸음을 멈추고 주머니에 있는 돈을 안내원에게 건넨다.

또다시 성우의 목소리가 들린다.

"음주운전하지 마세요. 음주운전하지 마세요. 음주운전하지 마세요. 음주운전하지 마세요…"

우리의 음주운전방지 공익광고였다. 독특했고 호평을 받았다. 시청자들은 처음 보는 방식의 음주운전방지 광고를 재미있어 했다. 색다른 광고는 사람들의 눈길을 끌었고 성공적이었다. 음주운전이 나쁘다는 것은 누구나 다 아는 사실이다. 광고가 해 줄 수 있는 역할은 재미로서 그것을 다시 한 번 조명시켜 주고 광고와 연결시켜 생각나

Black Thai 위스키 광고—
'Don't Drink and Drive'

게 하는 것이었다.

이 광고 또한 많은 광고제에서 수상했고, 사람들 입에 오르내렸다. 또한 나에게는 태국 사람들의 습성을 다시 한 번 확인할 수 있는 계기가 되었다.

"역시 태국인들은 심각한 것을 싫어한다."

Chapter
12

"

광고는 사람들이 생각하는 것만큼 멋진 직업이 아니다. 카피라이터, 아트 디렉터가 되려 하든 크리에이티브로 성공하든 세계에서 제일가는 크리에이터가 되기 위해 노력해야 한다. 그렇지 않으면 광고업계에서 일하는 그저 그런 사람 중의 한 명이 되어 버릴 것이기 때문이다.

"

12  Thai Advertising

Chapter 12

Thai Advertising

# 크리에이터로 성공하려면 큰 야망을 품어라

"전공 따라 건축설계나 하지 어쩌자고 광고회사에 들어왔어?"

입사 첫날 Dentsu의 선배가 물었다.

"어느 누구도 토르 씨나 바누 씨처럼 될 수는 없어."

토르 산띠시리(Thor Santisiri)와 바누 인까왓(Bhanu Inkawat)은 80년대 태국 광고계를 주름잡던 전설이자 대부였다.

나는 선배의 말을 잠자코 듣기만 했다. 솔직히 그녀의 말을 인정할 수는 없었다. 미래에 토르나 바누 같은 광고인이 나오지 않을 거라는 근거 없는 한 마디에 기분이 상했다. 그들은 영국에서 교육받은 대단한 크리에이터였다는 것은 누구라도 인정하는 부분이다. 특히 당시 광고계에 갓 입문한 나를 포함한 다수의 사람들에게 그들은 신적인 존재였다.

토르가 제작한 Green Spot(오렌지 음료)이라는 제품의  TV CF인
'The Desert'편을 보고 나는 경악을 금치 못했다. 바누가 제작한
Halls Lozenge TV CF 'Sun'편을 봤을 때의 반응도 별반 다를 것이
없었다. 두 편의 CF는 아직까지도 여전히 사람들의 입에 오르내리고
있는 태국 TV 광고의 고전이다. 이렇듯 토르와 바누는 태국 광고계
의 전설이다(chapter 21 참조).

하지만 그것은 어디까지나 80년대의 일일 뿐이다. 이제 해외유학
파도 많고 시대는 변했고, 사람들의 서구 취향은 점점 더 까다로워지
고 있다. 특히 유행과 새로움에 항상 민감하게 반응해야 하는 광고에
서 '시간이 흐른다' 는 곧 '식상하다' 라는 말과 같다.

광고에 대한 지식이 전혀 없던 나 같은 사람들에게 Dentsu는 마치
광고사관학교와도 같았다. 입사해 난생 처음 받는 월급에 신이 났던
그 순간부터 그곳에서 2년 동안 비주얼라이저로 일했고 꿈도 생겼
다. 내 손으로 광고를 만들고 광고제에서 상을 받겠다는 비전이 있었
던 것이다. 하지만 비주얼라이저라는 직함으로는 가능하지 않다는
것을 알게 되어 Dentsu 회사를 그만두었던 것이다.

"꼭 아트 디렉터가 될 거야."

나는 항상 이렇게 내 자신에게 되뇌었다.

광고회사의 크리에이티브 부서에서 일하는 사람들은 아트 디렉터
와 카피라이터(Copywriter)이다. 대부분 그래픽디자인이나 순수미술
내지는 광고디자인 전공자들이 아트 부서로 입사해 아트 디렉터가
되고, 매스 커뮤니케이션 학위를 가진 사람은 카피라이터가 될 확률
이 높다. 나는 건축이 전공이었기 때문에 아트 디렉터가 될 수 있을

것 같았다.

그 당시 광고계에서 일하는 것은 특히 젊은 사람들에게 매우 매력적인 일이었다. "적절하게 회사를 옮길 줄만 안다면 몸값을 두 배로 불릴 수 있다"는 인식이 팽배해 있었고, 다른 직업을 가진 사람들보다 광고를 하는 사람들은 훨씬 더 세련되어 보였다. 특히 크리에이티브들은 자신의 취향대로 옷을 입고 회사에 출근했다. 회사 동료들은 내게 "광고 경력이 있어 보이려면 무조건 검정색 옷을 입어야 해"라고까지 말했다. 물론 절대 비듬이 보여서는 안 되지만.

"오늘은 회사 안 가니?"

어느 날 아침 아버지가 물었다.

"아뇨, 회사에 가는데요."

"그런데 옷이 왜 그 모양이냐?"

아버지는 내가 티셔츠에 청바지 차림으로 어딜 가려 하는지 궁금해 하셨다.

"회사에서 그냥 이렇게 입고 일해요, 아버지."

이해해 주실 거란 별다른 기대 없이 대꾸했다. 하긴 어느 회사원이 청바지에 티셔츠 차림으로 일을 하겠는가? 20년 넘게 그런 차림으로 일을 하고 있지만, 아버지는 아직까지도 그것에 대해서는 이해를 못 하시는 것 같다.

왜 많은 졸업생들이 광고계에서 일하고 싶어 하는지에 대해 충분한 설명이 되었기를 바란다. 마케팅, 언론, 매스 커뮤니케이션 등을 전공한 졸업생들에게 물으면, 광고회사에 들어오면 광고주나 경험 많은 마케터들과 함께 일할 수 있는 기회를 가질 수 있을 거라고 답한다. 그래픽디자인, 광고디자인이나 미술을 전공한 학생들은 크리에이티브가 되고 싶다고 답한다. 크리에이티브라는 직업이 재미있고 월급도 많이 받을 수 있을 거라고 생각하기 때문이다.

다른 직종과 다르게, 광고라는 직업은 자신이 만든 광고를 미디어라는 것을 통해 남들에게 보여 줄 수 있는 직업이다. 이웃들에게 저 광고는 내가 만든 것이라고 말할 수 있고, 친척들에게 자랑하기 위해 자기가 만든 광고물을 액자에 담아 벽에 걸어 둘 수도 있다. 또한 매년 많은 상을 주는 광고제도 있다. 광고제를 통해서 자기가 만든 광고를 다른 많은 사람들에게 알릴 수도 있다. 하지만 광고를 엔터테인먼트 비즈니스에 견주려 한다면 게임이 되질 않는다. 사람들은 엔터테인먼트에 더 열광하기 때문이다. TV쇼, 연속극, 영화, 음악 등은 광고보다 훨씬 더 매력적이다. 이러한 것들에 광고는 묻혀 버린다.

나는 광고는 사람들이 생각하는 것만큼 멋진 직업이 아니라고 말한다. 카피라이터가 되려 하든, 아트 디렉터가 되려 하든 크리에이티브로 성공하려면 헝그리 정신과 열정, 위대한 크리에이터가 되고자 하는 큰 야망을 품어야 한다. 그저 먹고살기 위해 대충대충 일해서는 안 된다고 말해 두고 싶다. 대학에서 강의할 기회가 있을 때마다 항상 목표를 더 높게 세우고, 태국에서뿐만 아니라 세계에서 제일 가는 크리에이터가 되기 위해 노력하라고 말한다. 그렇지 않으면 광고업계에서 일하는 그저 그런 사람 중의 한 명이 되어 버릴 것이기 때문이다.

학생들에게 비현실적인 꿈을 주는 미친 짓을 한다고 생각하는 사람들도 있다. 나중에 광고인이 되어 현실과 꿈 사이에서 분명히 실망할 수도 있다. 사람들은 각기 다른 인생의 목적을 가지고 있기는 하지만, 스타가 되기 위해 꼭 필요한 결단력을 가지지 못하는 이들도 있다.

　나는 어렸을 때부터 큰 욕심이 있었다고 친구들에게 말하곤 한다. 언제나 남들보다 뛰어나고 싶었고, 이런 욕심들이 무언가를 이루려고 부단히 노력하는 원동력이 되었다. 결과는 가치 있었다. 나는 지금 내가 하는 일에 매우 행복하다. 사랑하는 가족이 있고, 회사에서 함께 일하는 동료들이 있어 행복하다. 나에 대해 아는 사람들은 내가 하는 일에 얼마나 미쳐 있고 결심에 찬 사람인지 잘 알고 있다. 그렇기 때문에 나는 욕심을 가지고 자기가 일하는 분야에서 최고가 되겠다는 꿈을 가지는 것이 잘못된 일이라 생각하지 않는다. 뚜렷한 목표의식이 없는 사람이라면 더 나은 내일을 위한 동기나 추진력 또한 없는 것과 같기 때문이다. 그들은 단지 나날이 먹고살기 위해 일하는 월급쟁이일 뿐이다. 무엇보다 중요한 것은 자신이 정말 좋아하는 직업을 선택해서 그 일에 최선을 다하는 것이다.

Chapter
13

Ogilvy & Mather 아시아—태평양 지사의 총책임자였던 닐 프렌치(Neil French)가 나에게 물었다. "Guinness 흑맥주 캠페인 한 번 해 볼래?" "물론이죠. 정말 해 보고 싶습니다." 근육질 손에 쥐어진 Guinness 맥주잔을 경쟁 제품의 부드러운 이미지와 대비시킨 내 광고는 미국의 CA와 One Show 등에서 수상했다.

Take Your Chances

# 기회를 잡아라

Ogilvy & Mather에서 일하던 어느 날, 닐 프렌치(Neil French)가 나에게 물었다.

"Guinness 흑맥주 캠페인 한 번 해 볼래?"

그 당시 닐은 Ogilvy & Mather 아시아-태평양 지사의 리저널 크리에이티브 디렉터(Regional Creative Director)였고, 나에게는 스승이자 코치 같은 존재였다.

"물론이죠. 정말 해 보고 싶습니다."

나는 대답했다.

"좋아. 빠따야(Pattaya)의 슈가 헛 리조트에서 열릴 리저널 크리에이티브 디렉터 회의에서 자네의 작품들을 보여 주게나."

Guinness 흑맥주 광고—'Finger'



Guinness의 셀링 포인트(selling point)는 '진정한 남성'의 맥주라는 것이었다. 그 콘셉트 덕분에 우리는 많은 아이디어를 낼 수 있었다. 크리에이티브 전략 브리핑 과정에서 광고주가 경쟁 제품들을 'blonde beer(여자들의 맥주)'라고 부르고 있다는 것이 명확해졌다. 나는 아이디어를 극적으로 표현해 내고 싶었다. 경쟁 제품과 비교해 '남성적이고 야성적'이라는 인식을 심어 주기 위해 첫 번째 광고는 여성스럽고 가녀린 손에 쥐어 있는 맥주와 Guinness 맥주잔을 쥐고 있는 근육질 손을 찍은 사진을 선택했다.

나는 이 제안이 Guinness와 같은 세계적인 브랜드를 위한 광고를
만들 수 있는 아주 좋은 기회라고 생각했다. 곧바로 카피라이터였던
알 잭슨(Al Jackson), 뛰어난 재능을 소유한 아트 디렉터인 쿵(Khung)
그리고 매력적인 레이아웃을 디자인했던 쁘라빠이삐움(Prapaipium)
과 함께 일에 착수했다.

Guinness의 셀링 포인트(selling point)는 '진정한 남성'의 맥주라는
것이었다. 그 콘셉트 덕분에 우리는 많은 아이디어를 낼 수 있었다.
크리에이티브 전략 브리핑 과정에서 광고주가 경쟁 제품들을
'blonde beer(여자들의 맥주)'라고 부르고 있다는 것이 명확해졌다.
나는 아이디어를 극적으로 표현해 내고 싶었다. 경쟁 제품과 비교해
'남성적이고 야성적'이라는 인식을 심어 주기 위해 첫 번째 광고는
여성스럽고 가녀린 손에 쥐어 있는 맥주와 Guinness 맥주잔을 쥐고
있는 근육질 손을 찍은 사진을 선택했다.

매년 빠따야에서 닐을 만날 때 각국의 크리에이터들은 그해에 만
든 광고물들을 제시해야만 했다. 좋은 작품들은 찬사를 받지만, 그렇
지 못한 작품들은 혹독한 비평을 받았다. 그해가 나의 Results에서의
첫 해였고 회의도 처음이었지만, 이미 나는 Black Cat 위스키, 와인
쿨러 클럽 그리고 미쓰비시 디젤 엔진의 광고들을 제작한 후였다. 그
광고들을 통해 나의 진가를 이미 보인 터라 회의에서 많은 칭찬을
받았던 것이다. 나는 닐의 관심을 독차지했고, 첫 참석이었지만 다른
사람들과 함께 늦게까지 술에 취해 많은 이야기를 나누었다.
닐의 숙소에서 내가 만든 광고를 보여 줄 때는 정말 흥분 그 자체

였다. 닐은 마치 갱 단원들 사이에 보스처럼 앉아 있었다. 그에게 다가가 보여 줄 Guinness 광고 시안 몇 개가 있다고 말하고는 가지고 있던 Guinness 광고 시안들을 꺼냈다. 한 번에 한 작품씩 보여 주었다. 닐은 우리가 만든 대부분의 아이디어를 좋아했다. 그 이유는 아이디어들이 대부분 빅 아이디어—아이디어가 다른 종류의 채널(TV, Radio, Outdoor 등)에까지 유연하게 전개될 수 있는—였기 때문이었다. 마치 반에서 1등을 했을 때와 같은 기분이었다.

나는 닐에게 그의 정확한 역할이 무엇인지에 대하여 물었고, 그는 아시아 지역 Ogilvy & Mather 크리에이티브들의 책임자로서 제작물들이 세계 수준에 도달할 수 있도록 하는 것이 자신의 임무라고 대답해 주었다. 또한 특별히 뛰어난 크리에이터들을 주시하고 지원한다고도 덧붙였다.

닐은 전 세계 광고계에 매우 큰 영향을 끼친 인물이다. 예리하고 단도직입적이며 자신감에 차 있었고, 또한 어느 누구도 두려워하지 않았다. 자신의 재능을 세계에 알렸고, 언제나 광고잡지 주요 기사를 장식했다. 나는 닐에게서 몇 가지를 배웠다. 닐은 또한 그 당시 나의 동료들이었던 데이비드 게레로(David Guerrero), 스티브 엘리크(Steve Elrick), 그레이엄 켈리(Graham Kelly), 피유시 팬디(Piyush Pandey)를 세계 수준의 크리에이터로 키워 내기도 했다.

내가 제작한 Guinness 광고는 아시아뿐만 아니라 미국의 CA와 One Show 등의 국제광고제에서 상을 받았다. 이 성공의 주된 이유는 닐이 나에게 준 기회였다.

Chapter
14

2003년 칸 국제광고제에서 태국 광고로는 최초로 황금사자상을 받은 주름 방지 크림 광고 'Belly Button Face'. 피부 관리에 관심이 많은 어머니가 "너무 심하게 얼굴을 펴다간 배꼽이 얼굴까지 올라가겠다"고 하시던 농담에서 아이디어를 얻었다. 이 광고는 화장품 광고에 새로운 트렌드를 만들었다.

 The Brave Die But Once

The Brave Die But Once

# 새로운 트렌드를 만들어라

나는 학교 다닐 때부터 줄곧 "용감한 자는 딱 한 번만 죽는다"라는 말을 하곤 했다. 특히 아이디어를 자신 있게 표현해야 할 때나 다른 사람들이 엄두도 못 내는 일을 해야 할 때 끊임없이 이 말을 되뇌었다. 광고를 시작했을 때도 이 격언을 굳게 믿었다. 하지만 지금은 성공적인 광고를 위해 틀에서 벗어난 생각을 해야 할 뿐 아니라 생각의 자유를 주는 좋은 광고주를 만나는 것도 중요하다는 사실을 알게 되었다. 그런 면에서 나는 대단히 용감한 광고주들을 만난 행운아이다.

날리니(Dr. Nalinee), 토이(Dr. Toy)는 아이디어에 많은 자유를 준 광고주다. 날리니 씨는 직접 판매나 다단계 마케팅으로 알려진 브랜드인 태국의 유명한 화장품 회사 Giffarine의 대주주였다. Giffarine은 제품 종류도 다양하고 많은 판매원을 보유하고 있는 굉장히 큰 회사였다. 나는 Giffarine의 성공이 그녀의 커다란 비전으로부터 비롯되었다고 믿는다.

어느 날 토이가 내게 Giffarine EQ-10 주름 방지 크림 광고를 의뢰했다. 그의 브리핑을 들으며 화장품 광고에는 왜 예쁜 출연자만 등장시켜야 하는지를 내심 고민했다. 으레 화장품 광고는 비슷한 방식으로 제작되기 때문이다. 브랜드를 신뢰할 수 있도록 만들기 위해 유명한 영화배우를 출연시키거나 연구소 등을 보여 준다. 하지만 나는 이런 방법들이 지겹다고 느꼈고, 특히 광고주들이 유명한 영화배우의 출연료로 너무 많은 돈을 낭비한다고 생각했다. 광고주들은 거액을 투자하지만, 보는 사람들은 비슷한 방식의 광고들 때문에 혼란스러워지기 때문이다.

이런 광고로 제품을 팔 수 없을 것이란 말은 아니다. 하지만 쓸데없는 낭비가 심하다는 이야기다. 대개 이런 광고들은 돈은 많이 들지만 효과는 떨어진다. 게다가 모든 화장품 광고들이 똑같아 보이기 때문에 시청자들은 제품명을 혼동하기까지 한다. 좋은 CF를 만들고 싶다면 낭비를 피하면서도 시청자들에게 강렬한 자극을 줄 수 있어야 한다는 말이다.

브리핑이 끝난 후 주위 사람들과 이야기를 나누기 시작했다. 첫 번째 타깃은 바로 나의 어머니였다. 어머니는 그 누구보다 여전히 고운 피부를 가지고 계셨고, 항상 피부 관리에 많은 신경을 쓰시는 분이었다. 중학생 시절부터 일본인인 세쓰코 씨가 매주 토요일마다 집에 와 어머니 얼굴을 마사지했던 것을 아직도 기억한다. 어머니와 피부 관리를 주제로 종종 대화를 나누곤 했는데, 어머니는 이웃 중에 누가

face-lifting 수술을 했는지, 실제 귀 뒤나 이마에 수술 자국을 본 적 있다는 등의 이야기를 나누는 걸 즐기셨다. 가끔씩 너무 심하게 주름 펴는 성형수술을 한다면 배꼽이 얼굴까지 올라갈지 모른다는 농담도 하시곤 했다.

나는 Giffarine EQ-10 광고를 위해 많은 아이디어를 스케치했다. 카툰 스타일로 장면을 스케치해서 어머니께 보여 드리면 그 스케치(스토리보드)들을 보시곤 즐거워하셨다. 나는 제품의 표적 소비자(target audience) 중 한 명인 어머니의 의견을 듣고 싶었다.

어머니는 내가 보여 드린 그림을 주의 깊게 보신 후 말씀하셨다.

"내 생각에 이건 너무 추한 것 같구나."

어머니는 성형외과 의사가 환자의 얼굴을 심하게 잡아 올려 병원 건물을 덮어 버린 스케치에 대해서는 비판적이었다.

"이게 조금 더 나은 것 같구나. 간결하고 이해하기 쉬워."

계속해서 스케치를 보시며 말씀하시고 웃으셨다.

"배꼽이 얼굴까지 올라온 아이디어를 좋아하시는 거죠, 그렇죠?"

나는 어머니께 여쭈었다.

"의사와 간호사가 손잡이를 잡고 있는 여자 얼굴을 당기고 있는 그림도 좋아."

어머니의 반응을 토대로 주름 펴는 성형수술을 해서 배꼽이 얼굴까지 올라온 여자에 관한 이야기를 아이디어로 사용하기로 결론을 내렸다.

그 외에도 몇 가지 아이디어를 광고주에게 제시했지만, 역시 '배꼽 얼굴' 편이 채택되었다.

광고는 두 남자가 그들의 어머니에게 주름 펴는 성형수술을 한 의

사를 패 주려고 하면서 시작된다. 의사는 도망치고, 두 아들은 어머니에게 알리기 위해 집으로 돌아간다. 집에 도착했을 때 그들은 배꼽이 얼굴 가운데에 올라와 있는 어머니를 보게 된다. 어머니는 아들들에게 주름 펴는 성형수술을 받으러 간 실수를 한 것은 그녀 자신이기 때문에 의사에게 보복하지 말라고 말한다. 주름 제거수술을 받는 대신 Giffarine EQ-10을 사용했더라면 배꼽이 얼굴까지 올라갈 일은 없었을 텐데…

품 수톤 뻬츠수완(Mum Suthon Petchsuwan)이 연출을 맡아 아이디어를 발전시켜 훨씬 더 재미있게 만들었다. 그렇게 방송된 광고는 사람들에게 큰 주목을 받았는데, 이것은 제품의 판매에도 많은 영향을 미쳤다. 결과적으로 이 광고는 화장품 광고에 새로운 트렌드를 만들었다.

리저널 회의에서 이 광고를 참석자들에게 공개했을 때 모두 데굴데굴 구르며 웃었다. 호주 Clemenger/BBDO의 전임 수석 크리에이터였던 데이비드 블래클리(David Blackley)가 특히 그랬다.

"믿을 수 없군!"

그는 광고를 보자마자 이렇게 말했다.

"이런 광고를 어떻게 만들었지?"

"태국인들은 특이하고 재미있는 광고를 좋아하니까요."

내가 말했다.

"광고주도 한몫했겠군."

나는 고개를 끄덕여 광고주 역시 이런 식의 새로운 광고를 원했다고 말해 주었다.

"
광고는 두 남자가 그들의 어머니에게 주름
펴는 성형수술을 한 의사를 패 주려고 하면
서 시작된다. 의사는 도망치고, 두 아들은
어머니에게 알리기 위해 집으로 돌아간다.
집에 도착했을 때 그들은 배꼽이 얼굴 가운
데에 올라와 있는 어머니를 보게 된다. 어머
니는 아들들에게 주름 펴는 성형수술을 받
으러 간 실수를 한 것은 그녀 자신이기 때문
에 의사에게 보복하지 말라고 말한다. 주름
제거수술을 받는 대신 Giffarine EQ-10을 사
용했더라면 배꼽이 얼굴까지 올라갈 일은
없었을 텐데…
"

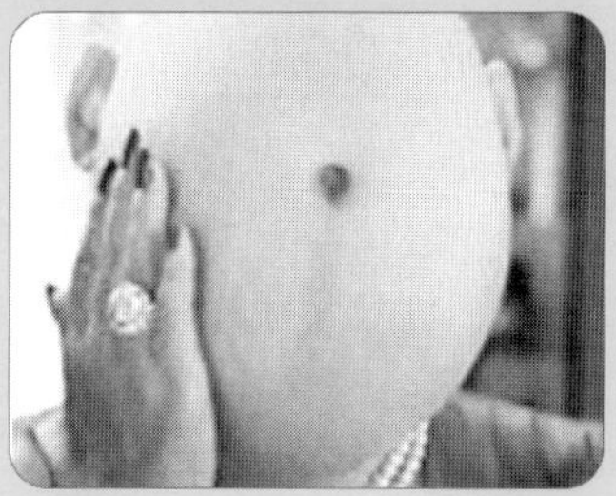

Giffarine EQ-10 주름 방지 크림 광고
– 'Belly Button Face'

"이 광고와 다른 광고들을 멜버른으로 보내 줄 수 있나?"

데이비드가 요청하였다.

"자네의 광고들을 다른 크리에이터들에게 보여 주고 싶은데."

서양인들은 태국 광고를 평범하지 않아서 좋아하는 것 같다. 그리고 이는 많은 태국 광고들이 국제광고제에서 주목받는 이유 중 하나다. 내가 참석자들에게 이 광고를 보여 주었을 때에는 그저 콘셉트만 영어로 번역해 맨 마지막에 넣었을 뿐 영어 자막도 채워 넣지 못한 상태였다. 태국어로 되어 있음에도 모두들 쉽게 이해하고 즐거워했다. 이 사례는 비주얼이 얼마나 강력한 소통 도구인지를 보여 주는 것이다. 칸 국제광고제에 출품하기 전이 되어서나 영어 자막을 넣을 수 있었다.

2003년 이 광고는 칸 국제광고제에서 태국 광고로는 최초로 황금 사자상을 받았다. 나는 그 상을 광고주인 날리니에게 전달했는데, 그 어느 누구보다 자격이 있다고 여겼기 때문이다.

Chapter
15

시청자들이 열광한 Reynolds 볼펜 광고 ‘Milk 1’의 주된 셀링 포인트(Selling Point)는 강한 볼펜이었다. 심의에서는 실제 Reynolds 볼펜으로 우유깡통에 구멍을 뚫고도 멀쩡히 글을 쓸 수 있다는 것을 증명해야만 했다. 좋은 광고는 제품에 대해 절대 거짓말을 해서는 안 되기 때문이다.

Super Strong

# 독특한 아이디어로 승부하라

"손바닥에 구멍이 날 만큼 수없이 찔렀다고요."

니룬(Nirun)이 흥분해서 말했다. 세계적인 아트 디렉터인 니룬은 방금 막 심의실을 다녀오는 길이었다.

기획국장(Account Director)인 두앙다오(Duangdao)도 끼어들었다.

"우유캔(milk can)에 구멍을 뚫는 데 사용했던 그 펜을 이후에도 계속 쓸 수 있다는 걸 증명하라고 하더라고요. 니룬이 우리 모두를 살렸어요. 이 친구 아니었다면 광고는 아마 심의를 통과하지 못했을 거예요."

"누가 누구를 구했다고?"

"셀 수 없이 우유캔을 찔렀다고요. 힘껏 찔러야만 했다니까요. 그래야 캔에 구멍을 뚫을 수 있으니까요. 정말 손바닥에 구멍이 날 뻔했어요.”

니룬은 우유캔을 쥐고 있었던 왼손을 보여 주었다. 손에는 상처들이 선명하게 나 있었다. 정말 손에 구멍을 뚫을 작정이었던 모양이다.

“아주 잘했어, 니룬. 자네는 아직도 살아 있잖아.”

나는 회사와 광고주를 위해 고통을 감내해 준 니룬을 칭찬했다.

나는 어린 시절의 경험으로부터 우유캔을 뚫는 데 펜을 사용하는 독특한 아이디어를 얻었다. 나는 어렸을 때 펜으로 물건에 구멍을 뚫는 것을 좋아했다. 나무탁자, 종이상자, 우유캔을 뚫으려고 높은 곳에서 만년필을 떨어뜨리곤 했다. 특히 만년필은 끝이 날카로웠기 때문에 최고의 도구였다.

하루는 친구와 싸우게 됐는데, 녀석이 고양이의 배설물을 내 코에 문지르려 쫓아왔다. 매우 화가 나서 나는 펜으로 녀석의 손을 찔렀다. 다행히도 그 펜은 만년필처럼 날카롭지는 않았다. 만약 볼펜이나 만년필이었다면 녀석의 손을 관통시켰을 테고 아직까지도 손에 상처가 남았을지 모른다.

가끔 아이디어를 쥐어짜 내려 할 때 나는 재빨리 과거로 돌아간다. Reynolds 볼펜 광고주가 제품이 얼마나 강한 볼펜인지를 보여 주기 원했을 때 역시 내 머릿속에는 어렸을 적 즐겨 했던 ‘펜으로 물건에 구멍 뚫기’가 생각났다. 곧바로 스크립트를 썼고, 그 아이디어를 스토리보드로 제작하였다. 그것을 본 광고주는 주저 없이 그 아이디어를 채택했다. 하지만 심의에서는 실제 그 펜으로 구멍을 뚫고 나서도 멀쩡히 글을 쓸 수 있다는 것을 증명해야만 했다. 좋은 광고는 제품 광고는 어떤 한 커플에 관한 이야기이다.
남자친구는 몰두해서 무언가를 쓰고 있다.
그리고 여자친구에게 "우유, 내 우유 어디
있어?"라고 소리친다. 여자는 우유캔을 찾았
으나 통조림 따개를 찾지 못해 짜증이 나게
되고, 남자친구 앞에 있는 테이블 오른쪽에
우유캔을 '쾅' 하고 내려놓는다. 남자는 즉
시 글 쓰는 것을 멈추고 Reynolds 볼펜으로
우유캔에 구멍을 뚫는다. 그러고 나서 무심
하게 유리잔에 우유를 붓는다.

'The Reynolds Pen and Its Quality(레이놀즈
펜과 진정한 품질)'라는 자막이 뜬다.

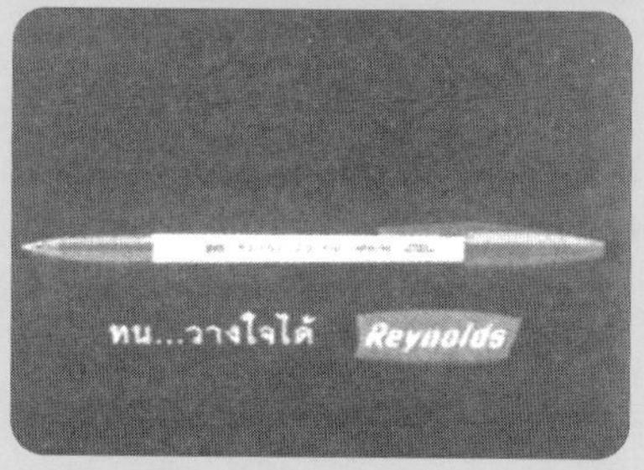


Reynolds 볼펜 광고—'Milk 1'

에 대해 절대 거짓말을 해서는 안 되기 때문이다.

세계 최고이자 Phenomena 최고의 감독인 타논차이 소른시비차이(Thanonchai Somsrivichai)에게 스크립트를 보여 주었다. 감독은 이 아이디어를 정말 좋아했는데, 그 이유는 볼펜의 끝이 얼마나 강한지를 지루하게 설명하고 있지 않았기 때문이다.

광고는 어떤 한 커플에 관한 이야기이다.

남자친구는 몰두해서 무언가를 쓰고 있다. 그리고 여자친구에게 "우유, 내 우유 어디 있어?"라고 소리친다. 여자는 우유캔은 찾았으나 통조림 따개를 찾지 못해 짜증이 나게 되고, 남자친구 앞에 있는 테이블 오른쪽에 우유캔을 '쾅' 하고 내려놓는다. 남자는 즉시 글 쓰는 것을 멈추고 Reynolds 볼펜으로 우유캔에 구멍을 뚫는다. 그러고 나서 무심하게 유리잔에 우유를 붓는다.

'The Reynolds Pen and Its Quality(레이놀즈 펜과 진정한 품질)'라는 자막이 뜬다. 타논차이 감독은 못생긴 주인공들을 출연시키고 연기를 만화처럼 과장되게 하자고 제안했다. 물론 이렇게 하는 것이 좋은 아이디어임을 광고주에게 확신시키는 데까지는 시간이 조금 걸리긴 했지만, 결국 승낙을 받아 냈고 반응도 정말 좋았다. 무엇보다 다른 볼펜 광고와 접근부터 완전히 달랐다. 시청자들은 이 광고에 열광했고, The Time Asia-Pacific Awards의 The Best of the Show를 포함해 많은 상도 받았다. 타논차이 또한 이 광고로 이 부문에서 '최고 감독상'을, 또 Media Asian Advertising Awards에서도 상을 받았다.

Chapter
16

촬영장에는 식사준비를 위해 고용된 전문 요리사들이 있다. 프로덕션 스태프들과 광고회사 크리에이터들은 촬영장에 도착하면 곧바로 음식이 준비된 텐트로 가서 잘 먹는다. 그런 뒤 태국 광고인들은 참 느긋하게 촬영을 한다. 촬영 중에도 자주 새로운 아이디어가 추가되고 곧바로 이를 촬영에 반영하기도 한다.

Thai Filming Site

# 태국 감독들이 세계적으로 주목받는 이유

어느 날 아침 우리는 광고 촬영장에서 촬영을 준비하고 있다.

"커피, 차, 토스트, 수프 중 무엇을 드시겠어요?"

음식을 만들어 주시는 아주머니께서 나에게 묻는다.

"블랙커피로 한 잔 주세요."

"빵이나 수프는 안 드시겠어요?"

"고맙지만 오늘은 안 먹을래요. 곧 촬영에 들어가야 하거든요."

"아직 들어가실 필요는 없을 것 같네요. 아직 조명을 맞추고 있는데요."

그때 프로듀서가 우리 대화에 끼어든다.

"시작하려면 한 시간 정도 걸리겠어요."

어쩔 수 없이 나는 수프뿐만 아니라 밥 한 공기까지 비운다. 아침 8시밖에 되지 않았지만, 침대에 누워 자고 싶을 정도로 배가 부르다.

이런 일은 태국의 광고 촬영장에서 흔히 일어나는 일이다. 태국의 프로덕션 스태프들은 다른 나라 프로덕션 스태프들처럼 시간을 정확하게 지키지 않기 때문이다. 프로덕션 스태프들과 광고회사 크리에이티브들은 도착하면 곧바로 음식이 준비된 텐트로 간다. 광고 촬영장 음식은 대부분 맛있는데, 이는 누구나 잘 먹여야 한다는 태국의 전통에서 비롯된 것이다.

나 역시 음식이 마련된 텐트로 향한다. 예닐곱 개의 테이블과 의자들이 놓여 있고, 테이블 위에는 양념통 세트가 하나씩 있다. 자리를 잡고 앉자 곧 밥 한 공기와 함께 수프 그리고 블랙커피가 나온다.

"고맙습니다. 이거 정말 맛있어 보이는데요."

음식을 보면서 아주머니에게 말한다.

"저녁 때까지 든든하겠어요."

"안 돼요. 점심도 드셔야죠."

그녀는 말한다.

"점심식사는 치킨커리국수, 잡채샐러드와 중국식 브로콜리 탕수육이 준비될 거예요. 디저트는 밤을 넣은 코코넛 우유예요."

나는 수프를 마시며 말했다.

"촬영장에 매일 나오면 너무 살이 쪄서 아마 전 굴러다닐 거예요."

수프는 맛있었다. 다른 촬영장 음식들 역시 맛있기로 소문이 나 있다. 밤늦게까지 머무는 경우엔 죽과 같은 야식도 마련된다.

촬영장 음식이야기를 하자면, 앵(Aeng)이 만든 칠리 딥, 말리

(Malee)의 오리백숙, 아오이(Aoy)의 치킨국수나 파파야샐러드, 다엥
(Daeng)의 태국식 스파게티 그리고 누디(Noo Dee)의 태국식 아이스
티와 아이스커피 같은 온갖 음료가 최고다.

촬영장에는 촬영이 있을 때마다 식사준비를 위해 고용된 요리사
가 있다. 그들은 각기 다른 종류의 음식에 전문가들이다. 분명 전 세
계 광고 촬영장 요리경연대회가 열린다면 태국 촬영장이 이길 것이
라고 확신한다. 매우 다양하고 정말 좋은 음식들이 제공되기 때문이
다. 아마도 왜 태국 광고가 재미있고 독특하고 전 세계적으로 유명한
지에 대한 또 다른 이유가 될지 모르겠다.

태국 광고 감독들 역시 매우 뛰어나다. 항상 세계 감독들 중 랭킹
1, 2위를 달린다. 매년 전 세계에서 얼마나 많은 상을 수상했는지를
집계할 때 태국 감독들은 어김없이 순위권 안에 포함된다. The
Gunn Report만 보더라도 2005년에는 Phenomena의 타논차이 소른
시비차이가 1위에 올랐고, 2004년에는 Matching Studio의 수톤 뻬드
르완이 1위에 올랐다. 나는 촬영장에서 먹는 음식이 그들의 성공에
상당 부분을 기여했다고 믿는다. 만일 형편없는 음식을 먹었다면 순
위가 내려갔을지도 모른다는 말이다.

BBDO의 크리에이티브 디렉터인 수분(Subun)은 전에 일하던 대행
사에서 외국계 광고주를 위해 채용되었던 외국인 리저널 프로듀서
의 에피소드를 들려주었다.

그 외국인 프로듀서는 교과서대로 촬영 첫날 촬영장에 도착하자
마자 주인공, 장면, 촬영 일정을 체크했다. 아침 8시가 다 되었지만
촬영이 시작될 것 같은 조짐이 없자 매우 불안해지기 시작했다. 그래
서 그녀는 담당 광고 제작팀(Creative Team)을 찾아갔다. 하지만 그들

모두는 태연하게 아침식사를 하고 있는 것이 아닌가? 화가 머리끝까지 오른 그녀에게 프로덕션의 프로듀서가 주인공과 카메라맨 그리고 조명이 아직 준비되지 않아 10시 정도가 되어야 촬영을 시작할 수 있을 것이라고 전했다. 그녀가 태평스러우면서도 시간에 절대 얽매이지 않는 태국의 작업 방식에 적응하는 데에는 꽤 오랜 시간이 걸렸다.

나는 이러한 촬영장 문화가 태국 광고가 다른 나라의 것들과 다를 수밖에 없는 또 다른 이유 중 하나라고 생각한다.

우리는 참 느긋하게 촬영을 한다. 촬영 중에도 자주 새로운 아이디어가 추가되고 곧바로 이를 촬영에 반영하기도 한다. 때문에 현장에서 자주 아이디어가 바뀐다. 시간 여유가 있으면 대부분의 감독들은 촬영 스크립트에 없는 새로운 아이디어도 수용해 촬영한다.


다시 음식이야기로 돌아가자. 태국에서 가장 크고 유명한 프로덕션인 Sky Exits의 오너이자 감독인 아움(Aum) 씨는 항상 광고주들에게 좋은 음식을 대접한다. 특히 그의 사무실에 위치한 스튜디오에서 촬영을 할 때면 더할 나위 없이 좋다. 그의 사무실은 소파보다 식탁이 더 적당할 정도로 가정적인 스타일로 꾸며져 있기 때문이다. 그는 광고주들을 그 식탁에서 맞이한다. 바로 옆 테이블에는 맥주, 과일주스 그리고 소다 등 온갖 종류의 음료들로 가득 찬 냉장고가 있고, 찬장에는 커피, 차, 신문들이 놓여 있다.

식사시간 때면 아움 씨는 음식을 주문하기 위해 안내방송을 한다. 얼마 지나지 않아 많은 종류의 훌륭한 태국 음식들이 나온다. 아움 씨는 주방으로 가서 맛있는 태국식 오믈렛을 만들어 주기도 한다. 식사시간 내내 친구 집에 초대되었을 때와 같이 접시가 채워진다.

광고주들의 배를 훌륭하게 채워 주기로 유명한 또 다른 프로덕션은 Matching Studio이다. 프로덕션의 오너인 티 씨는 서비스를 알고 있으며, 스튜디오에 있는 모든 여직원들 또한 티 씨의 스타일에 따른다. Matching Studio의 대기실에 앉는 순간 모든 직원들이 달려 와서 묻는다.

"커피, 차, 아니면 물을 드릴까요?"

"커피 부탁해요."

"설탕이나 우유, 아니면 크림을 넣어 드릴까요?"

"아무것도 넣지 마세요. 커피도 빼고요."

내가 놀리는 듯이 말하면 여직원은 웃는다.

몇 분 안에 커피뿐 아니라 파이, 샌드위치, 만두를 한 접시 가득 받게 된다. 음식은 회의실까지 가지고 갈 수 있다. 오후에는 망고, 구아바, 자몽과 같은 과일과 함께 다과를 먹는다. 회의가 늦게까지 길어진다면 카나페와 소시지도 내놓을 것이다. 점심이나 저녁 같은 식사는 최고다. 사무실이 많은 전통 레스토랑들로 유명한 랏차와뜨르(Ratchawatr) 지역에 위치해 있기 때문이다. 랏차와뜨르 지역에 있는 마(Ma) 레스토랑의 라드나르(Lad-nar: 볶음 쌀국수와 브라운 소스 요리), 시얀(Sriyan) 지역 촌티차의 샐러드와 로티(Roti: 밀가루 튀김), 그린커리와 부아로이(Bua-Loy: 태국식 디저트), 수안루엔(Suanruen) 지역 크리스나의 생선국수 등 모든 음식들은 유명한 지방 음식들이다. 이런 요리를 입에 올리는 것만으로도 지금 나는 배가 고파진다.

다른 프로덕션도 광고주에게 훌륭하게 대접하는 경우가 있지만,

불행히도 함께 일할 기회가 많지는 않았다. 나는 태국인들은 좋은 서비스가 어떤 것인지를 잘 알고 있다고 믿는다. 태국인들은 손님들을 대접하는 것과 보살피는 것을 아주 좋아하는 전통을 가지고 있기 때문이다.

Chapter
17

2004년 ADFEST와 Adman Awards 수상작인 Bridgestone의 Turanza-ER 60 타이어 광고 'Dog'에는 여자친구 푸들의 불륜장면을 목격하고 차에 뛰어드는 래브라도가 등장한다. 황금사자상 수상작 Pirelli 타이어 광고를 분석하고 또 분석하여 마침내 그를 넘어섰다.

Heart-Broken Dog

# 황금사자상 수상작을 넘어서라

"저것 봐 엄마. 멍멍이가 울고 있어."

딸 안나가 엄마를 불렀다. 안나는 내가 집으로 가져온 새로운 광고를 보고 있었다.

"멍멍이는 자기 여자친구가 못생긴 불독과 함께 있는 걸 보고 슬퍼한단다."

아내가 말했다.

"이 광고 정말 귀엽네."

"이런 개 한 마리 있으면 정말 좋을 거 같아."

안나는 나를 설득시키기 시작했다.

"이 광고에 나오는 개의 이름은 로토란다. 매우 영리한 래브라도 리트리버지."

나는 딸에게 말해 주었다.

"이 개는 아빠가 광고 촬영할 때마다 함께 일하는 차이야빡(chaiyapak) 애견 훈련학교의 완차이(Wanchai) 씨 것이야."

"집에서 기르기엔 골든 리트리버가 더 나아."

그렇게 말하고는 덧붙여 설명하였다.

"래브라도보다 훨씬 활달하거든."

내 친구 수킷(Sukich)이 개를 우리 집에 데리고 왔을 때 그놈이 집 안의 화초들을 거의 다 없애 버린 적이 있었다. 친구는 내게 래브라도가 더 집중을 잘하고 말을 잘 들을 것이라고 말했던 것 같다. 래브라도는 순종적이고 얌전해서 K-9 경찰견이나 맹인안내견으로 훈련시키기가 훨씬 수월한 편이다. 골든 리트리버와는 달리 래브라도는 항상 사람 주위에 맴도는 것을 좋아하기 때문이다. 여하튼 두 종의 개는 모두 똑똑하다고 말할 수 있다.

딸애와 나는 무척 활달한 편이다. 그렇기 때문에 항상 전쟁터에 나갈 것처럼 똑바로 일어나 앉고, 살금살금 걷는 훈련까지 잘된 개를 기른다면 우리 부녀는 스트레스로 병이 날지도 모른다. 게다가 우리 집은 군사훈련시설 옆에 있다. 덕분에 훈련 소리를 매일 듣고 있다. 군인들은 아침 8시에 나팔을 불면서 하루를 시작하고, 취침 전인 저녁 9시에 다시 나팔을 불어 하루를 마무리한다. 사실 우리도 군인들과 별반 다를 것이 없다. 군인도 아니고 훈련이 되지도 않았는데 말이다.

Bridgestone 광고를 보고 나서 아내는 광고의 콘셉트와 연출을 굉장히 좋아했다. 그에 반해 딸애는 끊임없이 주인공인 로토에 대해서만 이야기해 댔다.

우리 팀과 나는 자유로운 아이디어 발상을 가능하게 해 준 Bridgestone의 광고주 비닛(Vinit)에게 브리핑을 받았다. 브리핑은 꽤 명쾌했다. 광고주는 Turanza-ER 60이라는 타이어의 품질을 강조해 주길 원했다. 타이어가 자동차를 빠르고 안전하게 멈출 수 있게 한다는 사실을 말이다.

작업을 시작하며 언제나처럼 먼저 팀원들에게 칸 국제광고제의 홈페이지에 들어가서 몇 년 전 광고들을 모두 다운로드 하라고 말했다. 남들과 다른 광고를 만들기 위해선 이전에 어떤 광고들이 있었는지를 확인해야만 한다고 생각했기 때문이다.

나는 황금사자상 수상작인 Pirelli 타이어 광고를 팀원들에게 보여 주며 말했다.

"이 광고를 넘어서자. 무언가 더 새롭고 좋은, 독특한 아이디어를 발견해야 해."

Pirelli 타이어 광고는 비 오는 날 젖은 길을 운전하는 한 남자에 대한 이야기다. 갑자기 큰 트럭이 차 앞을 가로막는다. 차는 즉시 멈춰 선다. 자동차는 하마터면 트럭과 충돌할 뻔했기 때문에 남자는 차 안에서 흥분하며 욕설을 내뱉는다. 급히 차 문을 열고 트럭 운전사를 때릴 기세로 나가지만 그의 발이 땅에 닿는 순간 미끄러져 넘어지고 만다. 결국 이 광고는 타이어의 성능이 너무 뛰어나 아무리 미끄러운 도로에서라도 차를 잘 멈출 수 있게 한다는 사실을 보여 주고 있다.

"매우 좋은 아이디어야. 하지만 분명 우린 이것보다 나은 아이디어를 만들 수 있어야 해."

나는 그렇게 티라삭(Thirasak)과 쁘랑팁(Prangthip)을 격려하였다.

우리는 미디어에 마음껏 접근할 수 있는 시대에 살고 있다. 인터넷

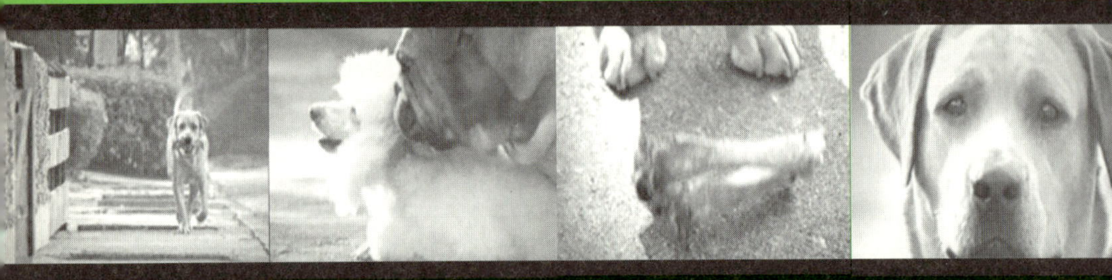

Bridgestone의 Turanza-ER 60 타이어 광고—'Dog'

을 통해 전 세계 광고 아이디어를 볼 수도 있다. 예전에는 매년 상을 받은 CF들을 모아 놓은 수상작 비디오테이프를 사기 위해 엄청나게 기다려야만 했다. 수상작들을 보기까지 적어도 1년을 기다려야만 했는데, 광고제에서 수상한 광고들이 책으로 출간되고 배포되기까지 많은 시간이 걸렸기 때문이었다. 그에 비해 오늘날에는 바로 다음 날 인터넷에서 수상작들을 볼 수 있다. 또한 어디서든 그것을 다운로드할 수도 있다. 물론 몇몇 좋은 자료들은 공짜가 아닌 것도 있다. 이러한 수상작들을 보려면 웹사이트에 가입을 하고 돈을 지불해야 한다.

일주일 후 우리는 'Dog' 편이라고 명한 최상의 아이디어를 찾아냈다. 카피라이터였던 쁘랑팁은 스크립트를 쓰기 시작했다. 이것은 정말 귀여운 아이디어였다. Phenomena 프로덕션의 타논차이 감독과 함께 촬영했고, 완벽했다.

광고는 주인공 역할을 맡은 잘생긴 래브라도 로토가 두 개의 뼈다

광고는 주인공 역할을 맡은 잘생긴 래브라도 로토가 두 개의 뼈다귀를 입에
물고 달려가는 모습으로 시작한다.

래브라도는 여자친구 역할을 한 쿡킥이라는 푸들에게 주려고 뼈다귀를 물고
달려가는 중이다. 하지만 악역으로 분한 뚱뚱한 불독 부디와 여자친구의 불
륜 현장을 목격하게 된다.

우리는 눈물이 그렁그렁한 래브라도의 얼굴을 본다. 래브라도는 매우 슬퍼
했고, 그 모습을 보며 틀림없이 진실한 사랑을 했었음을 짐작하게 된다.

래브라도는 느린 화면으로 뼈다귀를 떨어트리고는 무작정 달린다. 톨게이트
를 지나 자동차들이 쌩쌩 달리는 고속도로 옆 갓길에 주저앉는다. 여자친구
가 바람피우는 장면이 계속해서 머리에서 맴돌자 자살을 하기 위해 도로 한
가운데로 뛰어들 결심을 한 것이다.

빵! 빵!

운전자가 시끄럽게 경적을 울리고 브레이크를 밟는다. 다행스럽게도 래브라
도는 부딪치지 않았다. 자동차에는 차를 즉시 멈출 수 있게 한 Bridgestone의
Turanza-ER 60 타이어가 장착되어 있었기 때문이다.

귀를 입에 물고 달려가는 모습으로 시작한다.

래브라도는 여자친구 역할을 한 쿡킥이라는 푸들에게 주려고 뼈다귀를 물고 달려가는 중이다. 하지만 악역으로 분한 뚱뚱한 불독 부디와 여자친구의 불륜 현장을 목격하게 된다.

우리는 눈물이 그렁그렁한 래브라도의 얼굴을 본다. 래브라도는 매우 슬퍼했고, 그 모습을 보며 틀림없이 진실한 사랑을 했었음을 짐작하게 된다.

래브라도는 느린 화면으로 뼈다귀를 떨어트리고는 무작정 달린다. 톨게이트를 지나 자동차들이 쌩쌩 달리는 고속도로 옆 갓길에 주저앉는다. 여자친구가 바람피우는 장면이 계속해서 머리에서 맴돌자 자살을 하기 위해 도로 한가운데로 뛰어들 결심을 한 것이다.

빵! 빵!

운전자가 시끄럽게 경적을 울리고 브레이크를 밟는다. 다행스럽게도 래브라도는 부딪치지 않았다. 자동차에는 차를 즉시 멈출 수 있게 한 Bridgestone의 Turanza-ER 60 타이어가 장착되어 있었기 때문이다.

이 광고는 2004년 ADFEST와 Adman Awards 수상작이다. 이 광고는 대히트를 쳤고, 덕분에 제품도 유명세를 탔다. 매우 성공적인 캠페인이었다.


딸의 생일이 다가올 즈음 아내와 난 래브라도와 골든 리트리버에 관한 의견을 듣기 위해 차이야빡 애견 훈련학교의 소유주인 완차이 씨를 만나러 갔다. 그곳에 도착했을 때 일단 규모에 놀랐고, 우리 집의 카우퉁과 같은 달마시안이 사람처럼 똑바로 서서 몇 미터를 걸어

가는 것을 보며 더 놀랐다. 마치 우리를 위해 문을 열어 주려 다가오는 것 같았다. 개들 옆에는 많은 애견 조련사들이 함께 있었다.

"믿을 수 없어!"

아내에게 말했다. 나는 무엇보다도 우리의 무지에 대해 매우 놀랐다.

"게으르고 제정신이 아닌 저 점박이 개가 사람이 걷는 것처럼 걸을 수 있게 훈련될 수 있다고!"

"당신은 우리 개가 순종이라고 생각해?"

아내가 물었다.

"난 그렇게 생각해."

아내에게 말했다.

"내 친구가 우리 개가 좋은 혈통이라고 말했었거든."

하지만 나는 애견 훈련학교의 달마시안과 우리 개의 차이를 목격하고 나서는 내심 확신이 서질 않았다.

"안녕하십니까? 수티삭 씨."

완차이 씨가 조용히 다가와서 우리를 맞았다.

"안녕하세요? 완차이 씨. 개들을 보고 있었어요. 특히 저 달마시안. 우리도 달마시안 한 마리를 키우고 있거든요. 하지만 우리 개는 아무것도 못해요. 그저 먹고 쌀 뿐이죠. 그래서 돼지같이 뚱뚱해졌어요."

"달마시안은 훈련이 필요합니다. 똑똑하거나 오래 집중하지는 못하지만 활발하거든요. 하지만 습관을 안다면 훈련시킬 수 있어요. 어떤 개나 훈련시킬 수 있지요."

그때 나는 예전에 광고에 출연했던 작고 귀여운 말티즈인 도미노를 보았다.

"저 개는 우리가 Bata Shoes Be Cool의 'Kid Pouring Milk'편 때 사용했던 개네요."

"한 꼬마가 여자의 신발에 우유를 부었고, 저 개가 구두가 반짝반짝하도록 핥았죠. 보세요. 저 개는 굴렁쇠를 통과해서 뛸 줄 알아요."

"도미노는 무척 영리해요."

완차이 씨가 말했다.

"이 녀석은 그때보다 훨씬 나아졌고, 더 많은 재주를 부릴 수도 있어요."

"남편에게 말한 골든 리트리버는 어디에 있죠?"

아내가 물어보았다.

"이쪽으로 오세요."

완차이 씨가 우리를 안내하며 말했다.

"여기 두 마리가 있어요. 하나는 제 개인 쁘릭소드고, 이쪽이 제가 말했던 개예요. 이놈의 아빠는 콜럼버스라는 미국에서 온 아주 멋진 녀석이죠. 사진을 보세요. 가슴에 있는 털이 길고 아름답죠."

"골든 리트리버는 1800년에 스코틀랜드의 트위드마우스(Tweedmouth) 왕이 길렀어요. 그는 기품 있고 순한 개를 원했죠. 초기에 골든 리트리버들은 사냥을 위해 훈련되었어요. 그 후로 사람들이 집에서 기르기 시작했고, 관상용으로 훈련시켰죠. 골든 리트리버의 아름다운 모습과 가슴, 다리, 꼬리의 긴 털 때문이었어요. 골든 리트리버는 똑똑하고 기품 있고 활발하고 자제할 줄 알고 자신감에 차 있죠. 밖에 나가 돌아다니는 것과 주인과 가까워지는 것을 좋아해요. 일단 주인이 훈련시키면 자진해서 주인을 즐겁게 하려는 자기네들의 의지를 보여 주기도 해요."

완차이 씨는 우리가 잠들 때까지, 아니 우리가 사기로 한 골든 리트리버와 사랑에 빠질 때까지 골든 리트리버의 역사에 대해 설명해 주었다.

약속한 대로 우리는 딸의 생일선물로 골든 리트리버 한 마리를 샀다. 우리는 개의 이름을 반짝거리며 빛나고 모래와 같은 황금빛을 띤 털색을 따라 샌디라고 정했다. 샌디는 매우 아름답다.

딸애와 아내는 샌디를 정말 사랑한다. 시간이 지나 우리는 샌디를 완차이 씨의 애견 훈련학교로 보냈다. 완차이 씨에게 딸이 국제학교에 다니고 있기 때문에 집에서는 영어와 태국어를 함께 사용한다고 설명하고는 샌디가 두 가지 언어 모두 알아듣게 해 달라고 부탁했다.

몇 달의 훈련 기간이 지난 어느 날, 나는 샌디가 얼마나 말을 잘 알아듣는지 확인하고 싶었다.

"앉아, 샌디. 앉으라고."

샌디는 내 말대로 앉았다.

"숙여, 숙여. 잘했어. 기어 봐. 기어야지. 착하네."

샌디는 모든 명령을 따랐다.

"shit(태국어로 '따라와' 라는 뜻)…shit, 샌디!"

"따라오라고 했지, 똥 싸라고 했니? 개가 왜 똥을 싸려고 하지?"

나는 아내와 딸과 함께 웃었다.

내가 말하는 대로 움직일 것이라는 조련사의 말대로 옆에서 따라오기는커녕 샌디는 화장실로 갔다.

"shit은 영어로 배설물을 뜻해요."

딸애가 말했다.

"아빠는 조련사가 shit을 태국어로 훈련시켰다고 확신해요? 영어가 아니랴?"

딸애가 깔깔거리며 물었다. 지금까지도 조련사가 shit을 태국어로
훈련시켰을지, 영어로 훈련시켰을지 궁금하다.

Chapter
18

　일주일 동안 어둡고 추운 방 안에 앉아 5,000편 이상의 광고를 심사하는 칸 국제광고제. 3일이 지나자 10% 정도로 추려졌다. 6일째인 금요일에 그랑프리가 선정되면 심사위원의 고역이 비로소 끝난다. 그해 나는 Unif Green Tea의 ‘Worms’로 황금사자상을, Tesco Lotus 포스터 광고인 ‘No Fishing’으로 2개의 동사자상을 수상했다.

A Dark Week in Cannes

# 칸에서 보낸 우울한 일주일

금요일 밤 칸으로 가는 비행기를 타면서 생각했다.

"제정신인가? 왜 칸까지 가서 어두침침한 방 안에서 광고 5,000개를 봐야 하지? 지중해 해변에 누워 일광욕을 즐기고, 좋은 와인도 마시며, 그 지방의 멋진 토속 음식을 먹어야만 하는데!"

"명예를 위해서!" 잠이 들기 전 스스로에게 되뇌었다.

"인생에서 중요한 기회야! 멋진 경험이라고!"

다음 날 눈을 떴을 때 나는 파리에 있었다. 칸으로 가는 비행기로 갈아타고는 도착하자마자 5성 호텔인 Majestic에 체크인을 했다. 첫 날 밤에는 최고급 Ritz Carlton 호텔에서 칸 국제광고제의 위원장인 로저 해추얼(Roger Hatchuel)이 준비한 저녁 만찬에 참석했다.

## 일요일

심사위원들은 7명씩 총 세 그룹으로 나뉘었다. 심사위원들은 어둡고 습하기까지 한 추운 방에서 광고들을 봤다. 방의 냄새는 방콕에 있는 매켄나 극장을 연상시켰다. 우리들은 광고를 보며 1에서 9까지 각각에 순위를 정했다. 1~3은 탈락, 4~6은 중간, 7~9는 확실한 합격이었다. 우리는 채점한 점수를 개인의 전자수첩에 적어 넣었다. 한 편의 광고가 끝날 때마다 방 뒤쪽에 서 있는 금발의 아가씨가 "채점하세요"라고 소리쳤다. 이렇게 외치는 그녀의 목소리를 우리는 30초마다 들었다. 가끔 심사위원들 중 그저 그런 광고들을 보느라 지쳐 곯아떨어진 사람들도 몇 명 있었는데, 그 금발의 아가씨가 즉시 그들을 깨우곤 했다.

## 월요일

심사위원들은 가장 불편한 의자에 가장 편하게 앉아 있을 수 있는 방법을 고민했다. 답은 발은 테이블 위에, 손가락은 많이 움직일 필요 없는 장소에 올려놓는 것이었다. Sony Playstation의 'Mountain', Nike의 'Musical Chair', Unif Green Tea의 'Worms' 그리고 Soken DVD 캠페인과 같이 좋은 광고들은 아무 이견 없이 Shortlist로 결정되었다. 이런 광고들은 특히 눈에 띄었다. 하지만 그에 비해 긴 광고들은 별 영향력이 없는 듯 보였다. 재미없거나 너무 감성적이기만 한 광고들도 흥미를 끌지 못했다. 어쩌면 심사위원들조차 너무 피곤한 나머지 무언가 재미있는 광고를 원했던 것일지도 모른다.

## 화요일

오늘은 마지막 카테고리인 자동차 부문이 남았다. Honda Civic의 'Everyday', Peugeot의 'Toy' 그리고 Volkswagen이 포함되었다. 하지만 셋째 날은 정말 지루했다. 온종일 투표만 했으니.

## 수요일

춥고 어두운 방에서 포로처럼 잡혀 지낸 3일이 지나고 나자 전체 6,000편 중 10% 정도인 550편의 광고가 추려졌다. 우리는 그 다음 날 있을 황금사자상 투표를 위해 Short-Shortlist들을 다시 한 번 9점 척도 방식으로 채점했다. 이 심사에서는 심사위원들이 세 번째 심사를 위해 자신들의 나라에서 출품된 두 편의 광고를 선택할 수 있었다. 단, 심사위원들이 일하는 회사에서 출품한 작품들을 제외하고 말이다.

## 목요일

황금사자상 중 은사자상과 동사자상을 투표했다. 결과적으로 Bud Light의 'Real Men of Genius', Vim의 저예산광고인 'Prison Visitor', Unif Green Tea의 'Worms', 동물보호광고, FedEx 광고캠페인 그리고 캐나다 단편영화제의 광고캠페인이 황금사자상을 수상하게 되었다.

수석심사위원인 피유시 팬디와 함께 심사할 수 있다는 것은 행운이었다. 무엇보다 피유시는 엄격하고 직설적이어서 불필요한 설명이 나오면 바로 다음으로 넘어가자고 말하곤 했다. 만약 타협을 좋아하는 수석심사위원과 함께했더라면 투표는 새벽 2시가 넘어서도 계속되었을 것이다.

## 금요일

몇몇 심사위원들이 Apple의 iPod 광고를 다음 심사로 올리기 위하여 애썼다. 하지만 밥 가필드가 Advertising Age 잡지에서 "아무리 제품이 잘 팔렸을지라도 심사위원의 결정에는 영향을 미치지 못한다"라고 했던 말을 증명이라도 하듯 동사자상밖에 받지 못했다. 마침내 모두가 기다리고 기다린 세 편의 광고 중의 한 편을 뽑는 그랑프리 선정 시간이 다가왔다. 세 편의 후보작은 Vim의 'Prison Visitor', Bud Light의 'Real Men of Genius'와 Sony Playstation의

'Mountain'이었다. 광고제의 조직위원은 6일 동안 어둡고 습한 방에서 죄수처럼 지낸 후 맞이한 우리들의 자유를 축하하기 위해 샴페인을 준비하였다. 예상했듯이 그랑프리는 TBWA London의 Sony Playstation의 'Mountain'이 수상하게 되었다.

## 토요일

아침에 기자회견이 열렸다. 기자들은 이미 결과를 알고 있는 것 같았다. 수석심사위원과 다른 심사위원들에게 이미 결과에 대해 물어보았을 것이기 때문이다. 태국의 잡지 Marketeer의 리포터인 콴(Kwon)을 만났다.

"어떠셨어요? 투표하는 데 큰 어려움은 없었나요?"

"나쁘지는 않았어요. 하지만 정말 피곤하네요."

콴이 묻자 나는 불평 섞인 목소리로 말했다.

"심사가 모두 끝난 오늘 하루만 쉴 수 있네요. 일주일 동안 어둡고 추운 방 안에 앉아 광고 5,000편을 보고 있다고 상상해 보세요! 만약 모든 광고가 훌륭했더라면 지루하지는 않았을 겁니다. 하지만 그중에서 10~15% 정도의 광고만 좋았던 것 같아요."

콴은 심사결과를 훑어보았다.

"태국 광고 한 편이 황금사자상을 수상했네요. 그렇죠 여기요. 당신이 만든 Unif Green Tea의 'Worms'가 올해 황금사자상을 차지했어요. Soken DVD도 황금사자상을 수상했고요."

"그렇습니다. 우리는 올해 정말 잘해냈어요."

나는 자랑스럽게 말했다.

"또한 두 편의 Lotus Supermarket 포스터로 동사자상을 탔어요. BBDO는 올해 3개의 사자상을 거머쥐었지요."

콴은 심사결과 리스트를 꼼꼼하게 보고 있었다.

"당신이 만든 많은 광고들이 세 번째 심사까지 올라갔어요."

메모를 하며 그녀가 말했다.

나는 "그래요"라고 대답하며 호텔로 돌아가도 되는지를 물었다.

"사진을 찍어도 될까요? 오늘 밤에 못 찍을 수도 있을 것 같아서요."

거대한 카메라를 꺼내서는 재빨리 내 모습을 찍었다.

그날 밤 시상식이 열렸고, 매우 성대하게 진행되었다. 시상식이 열린 팔레 드 페스티발(Palais de Festival) 곳곳에는 레드 카펫이 깔렸다. 참석자 전원은 단정한 복장으로 차려입어야 했고, 오프닝을 위해 입구에서 줄을 서야 했다. 칸의 여름은 정말 덥다. 마치 시상식은 한 달 먼저 열리는 아카데미 시상식 같았지만 다른 점이 있다면 사진을 찍기 위해 포즈를 취하는 스타들이 없다는 것이다.

"심사위원 분들은 저를 따라오세요."

운영위원 중의 한 명인 줄리엣이 우리를 입구 뒤쪽까지 안내하였다. 재빨리 따라가자 냉방이 되는 방에 도착할 수 있었다.

"여기서 샴페인을 드시면서 기다리세요. 제가 신호를 드리면 무대로 걸어 나오시면 됩니다."

그녀는 명쾌하게 설명해 주었다.

"사회자가 심사위원장인 피유시 팬디를 소개할 겁니다. 그리고 나서 여기 계신 모든 분들은 자신이 어느 나라에서 왔는지를 소개해 주셔야 합니다."

사인을 받고 무대로 줄지어 올라갔다. 배경음악이 굉장히 시끄러웠다. 그 노래는 uh-huh uh-huh…이런 식이었는데, 나는 좋았다. 운영위원회가 심사위원의 연령에 맞춰 준비했나 보다 하는 생각이 들었다. 나는 도중에 넘어지지 않으려고 조심해서 걸어야 했다. 수천 명의 사람들이 보는 앞에서 넘어진다면 얼마나 황당하겠는가. 나는 보통 부정적인 것을 먼저 생각하곤 하는데, 때로는 이런 생각을 하기도 전에 넘어진 적도 있다(다른 사람들에게는 말하지 마세요. 저는 생각보다 엉성하답니다).

차례가 되자 나는 큰 소리로 나 자신을 소개했다.

"태국의 수티삭 수차리따논따(Suthisak Sucharittanonta)입니다."

내 이름이 길고 발음하기 어렵기 때문에 전부 다를 기억할 것이라고 기대하지는 않았다.

자신들의 소개가 전부 다 끝나자 무대 아래로 내려가 첫 번째 줄에 앉았다. 황금사자상 수상자들 역시 첫 번째 줄에 앉았다. 그러고 나서 시상식이 시작되었다. 모든 상이 없어질 때까지 하나씩 차례로 시상식이 진행되었다.

시상식이 끝난 후 축하를 위해 아시아 크리에이티브 친구들과 함께 태국 레스토랑에서 만났다. 그해 나는 Unif Green Tea의 'Worms'로 황금사자상을, Tesco Lotus 포스터 광고인 'No Fishing'으로 2개의 동사자상을 수상하며 총 3개의 사자상을 손에 넣었다.


일요일 아침 아내와 딸과 함께 호텔에서 일어났을 때 나는 소리쳤다.

"이제 자유야!"

"아빠는 여기 일하러 온 거야? 아님 감옥에 간 거야?"

딸인 안나가 물어보았다.

"물론 일하러 왔지. 하지만 일하는 동안 감옥에 갇힌 기분이었단다."

집으로 돌아오는 비행기 안에서도 수상 소감이 머릿속을 떠나지 않았다.

'명예와 태국 그리고 BBDO를 위해.'

Chapter
19

'세상에 없는 특별한 기타', 나는 스케치북에 재빨리 하나를 그렸다. "실제 테니스 라켓 거트를 이용한 소폰 씨의 기타예요. 줄을 새 둥지처럼 감아서 모양을 기타처럼 만드는 거죠. 이것을 '거트 기타'라고 이름 짓죠."



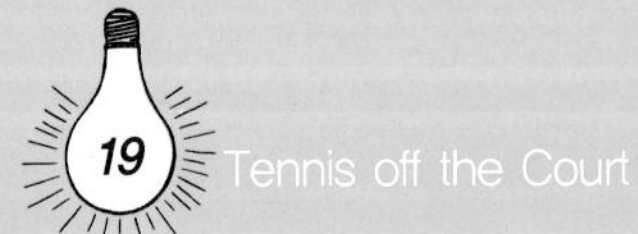

Tennis off the Court

# 세상에 없는 것들을 만들어라

"컴퓨터로 줄을 조정한 라켓은 손으로 직접 조정한 것과는 견줄 수가 없지요"

소폰(Sophon) 씨가 말했다.

"라켓 줄을 조정할 때는 직접 만지고 느끼고 마음을 담아야 해요, 그게 좋은 거니까요."

소폰 씨는 자신의 가슴 위에 손을 올려놓았다.

나는 폴로 앨리(Polo Alley)에 있는 소폰 씨 매장에 가는 것을 좋아한다. 라켓이나 라켓 줄을 조정하는 것뿐 아니라 그와 이야기하는 것 자체를 좋아하기 때문이다. 소폰 씨는 매우 친절해서 The Polo Sport Shop에서 스포츠용품을 판매하면서 때로는 직접 테니스, 배드민턴,

스쿼시 라켓의 줄도 조정해 준다. 라켓 줄을 조정할 때는 허리까지 오는 지름이 30cm 정도인 철봉을 사용한다. 철봉 맨 끝에는 라켓을 고정시키는 핸들이 있고, 반대쪽 끝에는 약 1m 길이의 철제 손잡이가 달려 있다. 그 철제 손잡이에는 라켓을 조정할 때 사용하는 금속 추가 매달려 있다. 소폰 씨는 내가 테니스라는 운동 자체에 미쳐 있고, 특히 테니스 라켓을 비롯한 테니스 관련 용품들을 사 모은다는 것을 익히 잘 알고 있다. 덕분에 나는 골동품 테니스 라켓들을 모을 수 있었다.

중학교 다닐 때부터 테니스를 시작했던 나는 당시 스웨덴 출신의 세계적인 테니스 선수인 비외른 보리(Bjorn Borg)가 우상이었다. 그가 하는 방법대로 공을 받아 치려 노력했지만 잘 되지 않았다. 학생 때 몇 번 대회에서 우승하기도 했지만 연습엔 늘 게을렀다. 아직까지도 여전히 정기적으로 테니스를 친다. 함께 로열 방콕 스포츠클럽(Royal Bangkok Sports Club)에서 같이 운동을 하는 친구들이 있는데, 그들 중에는 아내인 다오도 포함되어 있다. 우리는 태국 국가대표를 지낸 코치에게 지도를 받고 있다.

어느 날 나는 갑자기 소폰 씨에게 물었다.

"하루는 내가 매장에 왔는데 당신이 어떤 사람의 다리를 라켓 줄로 꿰매고 있는 걸 본다면 웃기지 않을까요? 피가 사방에 튀어 있고 말이에요."

소폰 씨는 잠시 어안이 벙벙한 표정을 짓더니 크게 웃기 시작했다.

계속 웃는 와중에도 나는 내 아이디어를 계속 말했다.

"여기, 바로 여기에 라켓 줄을 조정하는 기구가 있어요. 사람의 다리는 이 위에 있고, 당신은 노란색 나일론 줄을 사용해서 다리를 꿰

소폰 씨의 스포츠클럽을 홍보하기 위한 스케치

매고 있는 겁니다."

"이건 당신의 매장을 홍보하는 포스터 아이디어예요. 한 남자가 오토바이 사고로 다리의 힘줄이 끊어지자 다시 붙이려고 가게로 온 상황을 묘사하는 거죠. 제목은 '30년 이상의 경험으로 나는 어떠한 것도 꿰맬 수 있습니다' 이고요."

소폰 씨는 클럽을 홍보하기 위한 이 아이디어를 좋아하는 듯했다.

"당신은 아이디어가 참 많은 사람이에요." 소폰 씨가 말했다. 삼촌뻘처럼 보이는데도 내게 존칭어까지 써 가면서 말이다.

나는 종이 몇 장을 꺼냈다.

"보여 줄 그림이 있어요."

"이거 굉장한데요!"

그림들을 보더니 웃으며 말했다.

"제 취미예요. 제가 좋아하는 두 가지를 합친 거죠. 저는 이것을 'Racguitar' 라고 불러요."

"저는 친구들을 위해 많은 기타를 디자인했어요. 이건 광고 감독인 친구 뭄 수톤을 위해 디자인한 거예요"

디자인 노트에서 그림 한 장을 보여 주었다.

"이건 카렌(Karen) 고산족의 긴 목을 가진 여인의 모습이죠. 기타의 몸통 부분은 여인이 무릎을 꿇은 모습이고, 목 부분은 금테를 두른 긴 목과 같아요. 그리고 머리는 기타의 끝에 있고요."

"이 디자인은 직장동료인 니끄롬(Nikrom)을 위한 거예요. 니끄롬은 술을 좋아해서 위스키 병 모양으로 디자인했어요. 이 기타는 투명한 병 같죠. 그리고 진짜 위스키를 안에 넣을 수도 있어요. 연주를 마치면 즉시 기타를 따서 위스키를 마실 수도 있다는 거죠. 대신 감

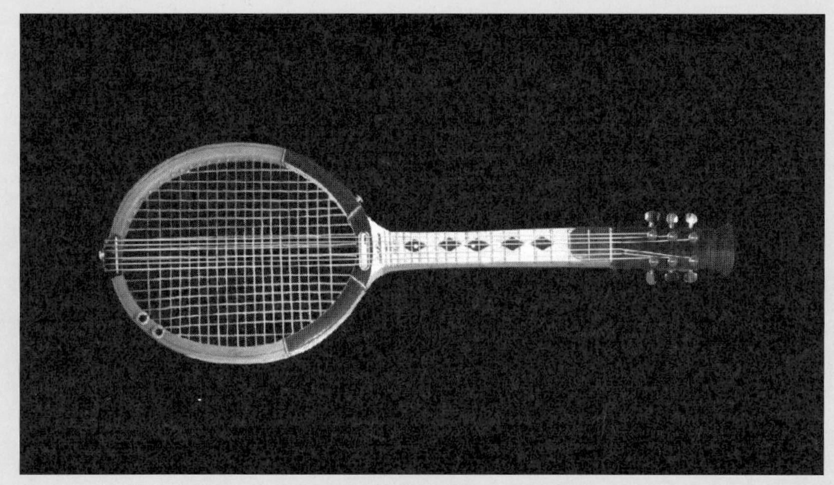

테니스 라켓처럼 생긴 기타 'Racguitar'

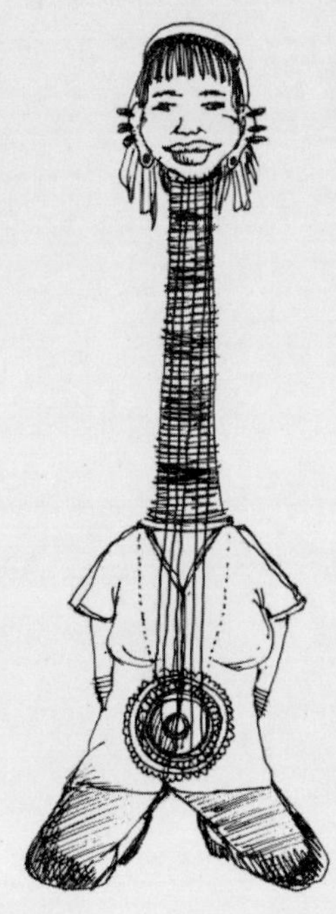

카렌족의 긴 목을 가진 여인 기타 드로잉

위스키 병 모양의 기타 드로잉

전되지 않게 조심만 하면 돼요."

소폰 씨는 웃음을 터뜨렸다.

"제 것도 하나 디자인해 줄 수 있나요? 세상에 없는 특별한 기타."

나는 스케치북에 재빨리 하나를 그렸다.

"실제 테니스 라켓 거트(테니스 라켓용 플라스틱 줄)를 이용한 소폰 씨의 기타예요. 줄을 새둥지처럼 감아서 모양을 기타처럼 만드는 거죠. 이것을 '거트 기타'라고 이름 짓죠."

나는 그림을 소폰 씨에게 보여 주었다.

"평범한 거트가 아닌 VS-touch Babolat 거트만 사용해야 돼요."

소폰 씨는 정말 좋아했다.

"굉장해요! 테니스 거트로 만든 기타라니, 마음에 쏙 드는 걸요!

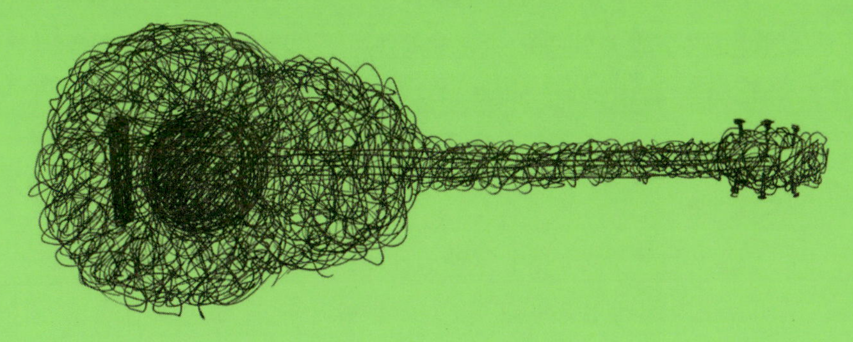

소폰 씨를 위한 기타 드로잉

하지만 비싼 거트를 사용하면 가게 문을 닫아야 할지도 모르겠는데
요."

"태국에서 가장 기타를 잘 만드는 존스(Jones) 씨에게 제 그림들을
보여 줬어요. 상당히 놀라더라고요. 디자인대로 만들고 싶어 했지만,
어디서부터 시작해야 할지 몰라 했어요. 라켓을 구부리지도 부러트
리지도 않으면서 어떻게 기타 줄을 연결해야 할지를 몰랐던 거죠."

소폰 씨가 설명했다.

"테니스 라켓은 수평과 수직으로만 거트를 연결시켜 만들지요. 기
타에 줄을 더 넣고 테니스 라켓처럼 수평과 수직으로 연결시킨다면
기타는 심장과 같은 모양이 될 거예요."

나는 오래된 밴크로프트(Bancroft) 테니스 라켓을 소폰 씨의 진열

장에서 꺼내 들고서는 기타 연주하는 시늉을 하며 말했다.

"존스 씨는 기타의 틀을 만들려면 흑연이나 섬유유리를 사용해야 한다고 조언해 주었어요. 그런 다음 테니스 라켓처럼 보이게 칠을 하는 거죠. 이걸 보세요. 한 쪽 면은 기타고, 반대쪽은 테니스 라켓이에요. 테니스를 잘 치지 못한다면 라켓을 돌려서 기타로 사용할 수도 있어요."

소폰 씨는 박장대소했다. 그와 이야기를 나눈 후 기분이 매우 좋아졌다. 소폰 씨는 엉뚱한 내 아이디어를 빨리 알아듣고 이해할 줄도 알았다.

내가 좋아하는 62파운드로 라켓 줄을 조정했다. 라켓의 팽팽함은 약간 줄어들었을지도 모른다. 왜냐하면 소폰 씨가 라켓을 조정하는 동안 너무 많이 웃었기 때문이다.

Chapter
20

2004년 The Gunn Report는 'Unif Green Tea'편을 전 세계 광고 중 4위로 지정하였다.

60~90cm의 아빠/아들 애벌레 인형이 가장 좋은 꼭대기 녹차잎을 향해 기어가는 모습을 귀엽고 진짜같이 연출한 것이다. 촬영현장의 스트레스는 칸 국제영화제 황금사자상 수상으로 말끔히 사라졌다.

Worms

# 칸 국제광고제 황금사자상
# 수상작의 촬영 현장이야기

"수티 씨, 뭄 감독님이 잠시 'Worms' CF 촬영을 중단하고 싶어 하 십니다."

Matching Studio의 프로듀서인 오우(Ou)가 말했다.

"감독님이 원하는 대로 벌레들이 움직여 주지 않는다는군요."

오우는 걱정스러워했다.

"내가 보기엔 (벌레들이) 꽤 잘 기어가던데요."

"네, 압니다. 하지만 감독님은 그렇게 생각하지 않던데요. 더 자연 스럽게 기어야 한다고 생각하고 계세요."

우리는 Unif Green Tee의 'Worms' 편을 찍고 있었다. 촬영은 순조

롭게 시작되었다. Reifenburg Studio에서 블루 스크린을 배경으로 찍었고, 벌레 인형을 잘 다루는 전문가들로 구성된 팀과 함께 작업했다.

아빠 애벌레와 아들 애벌레는 약 60~90cm 길이였다. 인형을 조종하는 사람들은 머리와 꼬리에 연결되어 있는 두 개의 막대를 가지고 벌레들을 움직였다.

광고 완성본에서 보이는 것처럼 수직으로가 아니라, 벌레 인형들은 녹차나무 꼭대기까지 수평으로 기어갔다. 벌레 인형의 몸통이 진짜 벌레처럼 부풀어 올랐다 가라앉는 것처럼 만들기 위해서 벌레 인형이 기어가는 중간 중간에 공기도 주입했다.

인형을 조종하는 사람들이 벌레를 수직 방향으로 움직였다면 천장 끝까지 벌레를 움직여야 했을 것이다. Matching Studio의 감독인 뭄은 벌레들을 귀엽고 진짜같이 보이게 하기 위해 매우 조심스럽게 촬영했다.

아빠 애벌레와 아들 애벌레는 일본어로 귀여운 대화를 주고받고 벌레 인형을 조종하는 사람들은 대화에 맞춰 솜씨 있게 움직였다.

"컷, 컷, 컷!"

감독이 크게 소리를 질렀다. 그리고는 인형을 조종하는 사람들에게 다가가 말했다.

"이건 별로야. 아들 애벌레는 느리게 기어야 해. 아빠 애벌레와 같이 맞춰가지 못하는 것처럼 말이야. 하지만 너무 느려서도 안 되고."

벌레 인형 조종사들은 매우 피곤해 보였다. 아마도 과식 탓이리라. Matching Studio의 음식은 맛있기로 소문나 있었다. 나 또한 많은 접시를 비웠다. 벌레 인형 조종사들도 나처럼 많이 먹었을 것이 분명하다. 아마 그래서 졸렸을 테고 벌레 인형을 충분히 빠르게 조종하지도

Unif Green Tea 광고
— 'Worms'

못했을 것이다.

감독이 불만을 터뜨린 후에야 벌레 인형 조종사들은 많은 양의 카페인을 방금 섭취한 듯 정신을 차렸다. 감독이 '액션'을 다시 외치자 그들은 다시 벌레를 움직였다. 같은 일이 몇 시간째 이어졌고, 똑같은 장면을 몇 번이고 다시 찍었다.

"컷, 컷! 그렇게 말고."

감독이 모니터 뒤에서 소리쳤다.

"여전히 빨라."

감독은 몇 개의 테이프와 필름을 확인했다. 얼굴에는 촬영이 지연될 것임이 명확히 드러났다.

"정해진 일정보다 늦게 끝날 것 같습니다."

프로듀서인 오우가 심각하게 말했다.

"감독님은 벌레가 기는 모습에 만족하지 않고 있어요. 제가 보기엔 오늘밤 안에 끝내기는 힘들 것이라 생각합니다."

"내일 다시 촬영할 수 있죠. 그렇죠?"

내가 물어보았다.

"그래도 아직 제 시간에 끝낼 수 있어요."

"노력해 보겠습니다."

오우가 말했다.

"하지만 아직 오늘 분량의 30%도 끝내지 못한 걸요. 치앙라이 (Chiang Rai)의 녹차밭에도 가야 하고요."

오우는 '녹차잎 벌레' 편 광고 촬영의 어려움에 대해 설명하려 하였다. 먼저 스튜디오에서 블루 스크린을 배경으로 촬영한 후 자리를 옮겨 치앙라이의 녹차밭에서도 촬영을 하고, 모든 촬영이 다 끝나면

벌레가 진짜 녹차밭에 있는 것처럼 보이기 위해 합성까지 해야 했다.

실제 연기가 아니라 연출이 복잡했기 때문에 프로듀서와 감독 모두 스트레스에 시달렸다. 벌레 인형을 꼬박 4일 동안 찍은 다음 치앙라이의 녹차밭에서 이틀을 더 촬영했다.

Unif Green Tea 광고주로부터 브리핑을 받았을 때가 기억난다. Unif Green Tea는 다른 브랜드보다 훨씬 품질이 좋은 최상급 찻잎으로 만들어진 녹차임을 보여 주면서 브랜드가 차별화되기를 원했다.

녹차는 8세기 중국의 신농(神農) 황제에 의해 우연히 발견되었다. 녹차잎이 바람에 날려 뜨거운 물이 든 컵에 들어갔고, 황제는 그 물을 마셨다. 녹차는 일본에 중국인과 일본인 수도승에 의해 소개되었는데, 그 후 16세기 무렵 유럽과 미국에 알려졌다.

우리는 'Unif Green Tea' 편 광고를 제작하기 전에 'Samurai' 편을 제작했다. 'Samurai' 편은 숲에서 벌어진 고대 사무라이들의 싸움에 관한 내용이었다. 싸움을 벌이던 중 사무라이 한 명이 온천에 빠지게 되고, 오랜 시간 온천 속에 누워 있다. 녹차잎들이 바람에 실려 오고 온천은 녹차잎으로 가득 차서 사무라이가 처음으로 녹차를 마시는 내용이다.

Unif Green Tea는 그들이 진정한 녹차임을 보여 주기 위해 전설을 들려주었다. 녹차 광고에서는 항상 일본 스타일을 사용한다. 다른 브랜드들이 우리의 컨셉트를 모방하려고 하였지만 어느 브랜드도 공감을 주는 좋은 광고를 만들지는 못했다.

'녹차잎 벌레' 편은 사람들의 큰 관심을 받았다. 특히 아빠 애벌레와 아들 애벌레를 매우 좋아했기 때문에 Unif Green Tea는 아빠 애벌레와 아들 애벌레를 인형으로 직접 제작하여 팔았고, 벌레 열기로

달아올랐다. Unif Green Tea의 판매량은 급증했고, 2년 만에 시장점
유율 1위를 차지했다.

　나는 좋은 제품과 좋은 광고주를 만났기 때문에 성공적인 광고를
할 수 있었다고 생각한다. 훌륭한 마케팅 계획을 세운 광고주 역시
찬사를 받았다. 그들은 우리에게 많은 자유도 허락해 주었다. 이 모
든 성공은 최고 수준의 촬영을 해 준 Matching Studio의 뭄 수톤 감
독 덕분이라고 생각한다.

　2004년 The Gunn Report는 'Unif Green Tea'편을 전 세계 광고
중 4위로 지정하였다. 또한 칸 국제광고제에서 황금사자상을 수상하
였으며, 거의 모든 광고제에서 많은 상을 휩쓸었다.

Chapter
21

태국 북동 지방에서 'Zab'이라는 말은 매우 풍미 있거나 맛있다는 뜻이다. 'Zab'은 요리에서 극단적인 혼합을 묘사한다. … 초기에는 외국인이 아닌 태국인들을 위해 'Zab'한 광고를 만들었다. 하지만 결과는 놀랍게도 전 세계가 'Zab'한 광고를 주목하게 되었으며, 이 것은 새로운 원칙이 되었다. 태국스러운 광고, 그것은 바로 갑작스럽게 허를 찌르며 여운이 오래 남는 킥복싱 같은 광고이기 때문이다.

Zab!

# 극단적인 것들을 혼합하는<br>태국의 문화

회의에 참석 중이었다.

"어디에서 오셨습니까?"

커다란 푸른 눈을 가진 중년의 서양인이 물었다. 그는 유럽 억양의 영어로 말을 건넸다.

"태국에서 왔습니다."

나는 당당하게 말했다.

"대만이요?"

"아니오. 대만이 아니라 태국입니다."

"태국에서는 아직도 코끼리를 타고 다닙니까?"

"저 사람 어디서 왔지?"

코끼리를 타고 일하러 가는 저자 수티삭 씨

속으로 나는 생각했다.

"우리가 지금 몇 세기에 살고 있는 거야?"

이런 질문을 받을 때면 나는 큰 충격에 휩싸인다. 어떻게 사람들이 태국이 아직까지 문명화되지 않은 나라라고 생각할 수 있는지 궁금했다. 미처 그에게 설명해 주기도 전에 회의는 시작되었다.

우리는 칸에서 열린 Ogilvy & Mather 세계회의에 참석했다. Ogilvy & Mather는 칸 국제광고제가 열리는 기간에 맞추어 칸에서 멀리 떨어지지 않은 산자락에 위치한 저택을 빌려 회의를 했다. 배 한 척이 Sofitel Cannes Le Mediterranee 호텔 앞에 있는 부두에서 우리를 태워 갔다. 회의에 참석한 대부분의 사람들은 서양인이었고, 아시아인들은 많지 않았다. 태국인은 동료들과 나뿐이었다.

그해 칸 국제광고제에 처음으로 참석했고, Ogilvy & Mather의 자회사인 Results에서 일하고 있었다. 동료들과 나는 우리가 투명인간 취급을 당하고 있다고 느꼈다. 아무도 우리가 참석했는지 모르는 것 같았다. 회의든 칸 국제광고제든 서양인들만이 북적댈 뿐이었다.

문명인들 나라에 온 야만인 같은 기분을 떨치지 못한 나는 칸 거리를 걸어 다니며 혼잣말을 했다.

'마치 우리가 아무도 모르는 제3국에서 온 사람들같이 느껴지네.'

광고를 보러 팔레 드 페스티발로 향했다. 정말 넓고 거대한 강당이었다.

매년 칸 국제영화제 기간 동안 도시는 유명 영화배우와 제작자들로 넘친다. 칸 국제광고제가 열리면 도시는 전 세계에서 온 1만 여 명의 광고회사 크리에이티브들과 AE, 프로듀서와 감독, 광고회사 대표들과 광고주들로 북적댄다. 매년 광고회사들은 5,000여 편의 광고들을 출품한다. 나도 출품했지만, 당시엔 어떠한 상도 받지 못할 거라고 생각했다. 이 분야에서는 아직 풋내기였기 때문이었다. 심지어 같은 광고회사 네트워크 안에서 일하는 사람들도 어디에 붙어 있는지도 모르는 태국에서 온 나를 투명인간 취급했다. 물론 상당히 불쾌했지만 나는 생각했다.

'똑똑히 봐 둬. 언젠간 너희들 모두 태국에 대해 알게 될 테니.'

며칠을 칸에서 광고를 보며 지내고 나서 대부분의 광고들이 그저 그렇고 몇몇은 정말 형편없다고 느꼈다. 약 10% 정도만이 훌륭했고, 그런 광고들은 어김없이 후보자 명단에 올랐다.

내가 출품한 Snow UHT Milk 광고인 'Ask My Dad'편 역시 후보자 명단에 올라와 있었다. 광고는 한 10대 소년이 Snow UHT Milk를 마시고 카메라에 자신이 우유를 마셔서 키가 컸다고 말한다. 그리고 시청자들이 못 믿겠다면 그 소년의 아빠에게 물어보라고 한다. 그러자 카메라는 그 소년의 바로 옆에 서 있는 키 작은 아빠를 비춘다. 소년의 아빠는 인사를 하고 그 말이 맞다고 말한다. 그렇게 광고는 끝이 난다. 여러 광고제에 출품한 이후 처음으로 후보자 명단에 광고가 뽑히고 마지막 심사까지 올라가니 매우 흥분이 되었다. 다른 경쟁자들이 워낙 뛰어나, 이 광고가 황금사자상, 은사자상, 동사자상을 수상하기는 어려울 것이라고 생각하면서도 포기하지 않았다.

다른 광고들을 분석한 후 '간결하지만 영리하게 만들라'는 것을 맘에 새기고 광고를 만든다면 나 역시 남들처럼 좋은 광고를 만들 수 있을 것이라고 생각했다.

칸 국제광고제에서 돌아온 후부터는 매일 자신에게 '만일 수상을 하고 싶다면 완전히 다르게 만들어야 한다'고 속삭였다.

태국 광고는 160년 전으로 거슬러 올라간다. 처음엔 분실물 인쇄 광고로 시작했고, 라디오 광고로 발전하였다. 텔레비전이 소개되자 광고에는 소리와 사진이 함께 쓰였다. 디지털 세상인 현재는 다양한 새로운 형태의 매체가 사용되고 있다.

1960년대와 1970년대에 훌륭한 광고들은 대부분 배리 오언(Barry Owen)에 의해 만들어졌다. 배리는 태국 광고를 바꿔 놓은 호주 출신의 크리에이터였다. 그는 뛰어난 예술적 감각을 가진 유능한 아트 디렉터였다. 배리는 태국의 예술과 정신, 문화를 우아하게 사용한 Singha 맥주와 함께 태국 광고의 전설을 만들었고, 그가 만든 광고들은 수많은 상을 받았다. 나는 운이 좋게도 잠시나마 함께 일을 할 수 있었는데, 당시 생각하는 방법뿐만 아니라 작업 스타일도 배울 수 있었다.

1970년대에는 많은 사람들이 해외에서 광고 공부를 했다. 예를 들면 리오 버넷(Leo Burnett)의 바누 인까왓이나 Kenyon & Eckhard의 토르 산띠시리가 있다. 그들 모두 빅 아이디어와 비싼 컴퓨터그래픽을 이용한 거대한 연출로 매우 차별화된 광고를 만든 태국 광고계의 전설이다. 그들의 광고들은 특별하고 아름다웠으며 남들과는 달랐다.

당시에는 감독들도 매우 중요한 역할을 담당했는데, 그중 Siam Studio의 쯔타르 수다스나(Ctar Sudasna)와 아르헨티나 출신인 마이클 워(Michael Warr)가 전설로 통했다. 그들 모두 나를 비롯한 수백 명의 크리에이티브들에게 많은 영향을 끼쳤다.

물론 가장 좋아하는 광고는 바누의 Halls Lozenge와 토르의 Green

바누 인까왓이 제작한
Halls Lozenge 광고—'Sun'

Spot 오렌지 음료 광고다.

두 광고는 매우 명확한 콘셉트를 가지고 있었다. 그 광고들을 보면 무엇을 팔거나 말하려는지 즉각 알 수 있었다. 연출의 완성도는 모든 사람들이 광고가 끝날 때까지 화면에서 눈을 떼지 못 할 정도로 매우 높았는데, 이 광고들로부터 많은 것을 배웠다.

Results에서 근무하던 시절에 나는 시행착오로부터도 많은 것들을 배웠다.

"태국인들은 뭘 보고 싶어 하지?"

스스로에게 물어보았다.

"그들은 'Zab' 한 거라면 어떤 것이든 좋아해."

태국의 북동 지방에서 'Zab' 이라는 말은 매우 풍미 있거나 맛있다는 뜻이다. 'Zab' 은 요리에서 극단적인 혼합을 묘사한다. 예를 들면 태국식 파파야샐러드 솜탐(Som-Tam)은 매우 'Zab' 한, 가장 인기 있는 태국 요리들 중의 하나다. 솜탐을 만들려면 생파파야와 작은 게, 멸치, 생선소스, 고추, 설탕, 레몬, 방울토마토, 깍지째 먹는 콩을 섞어야 한다. 태국인들은 설탕, 식초, 고추 그리고 생선소스 등 전혀 다른 맛이 섞인 'Zab' 음식을 즐긴다.

'Zab' 은 또한 세계에서 가장 'Zab' 한 스포츠인 킥복싱 같이 삶의 다른 모습들에도 적용된다. 태국 파이터들은 적을 쓰러뜨리기 위해 몸의 모든 부분을 사용한다. 하지만 킥복싱은 단지 'Zab' 한 태국식 권투가 아니다. 수백 명의 도박꾼들, 알코올 중독자들 그리고 관광객들이 경기를 보러 온다. 사람들은 또한 링에서 이겼는지 죽었는지 상관하지 않고 밴드가 연주하는 귀한 태국 전통음악을 들을 수도 있다. 킥복싱은 'Zab' 한 스포츠이다.

토르 산띠시리가 제작한 Green Spot(오렌지 음료) 광고—'Desert'

또 다른 예는 태국 스탠딩 코미디쇼다. 이것도 'Zab'하다. 코미디 쇼는 교묘하거나 어렵지 않다. 쇼는 바로 눈앞에서 매우 익살스럽게 펼쳐진다. 태국에는 수천 개의 코미디 카페가 있다. 코미디 카페에서 웃고 먹고 마시고 춤추고 취할 수 있다. 상상해 보라. 모든 것들이 하룻밤 사이에 일어난다.

10년 전 우리는 광고에 'Zab'한 것을 표현할 수 있는 방법을 찾으려 했다. 태국의 삶과 문화를 공부하면서 내가 생각하는 태국인들이 TV 광고에서 가장 좋아하는 모든 소재를 추가하는 실험을 하였다. 그 결과물은 Black Cat 위스키 광고였다. 내게 많은 자유로운 아이디어를 허락한 Black Cat 위스키의 오너인 윙차녹 뭉꾸드 체바시리와 같은 훌륭한 광고주를 만난 것은 행운이었다. 첫 번째 Black Cat 위스키 광고를 만들 때 다른 광고들과는 전혀 다른 광고 한 편을 제작하기로 결정하였다.

동료 아트 디렉터인 아오이와 감독인 뭄 수톤과 나는 태국인들이 무엇을 보고 싶어 하는지 알아내기 위해 브레인스토밍(Brain Storming)을 했다. Black Cat 광고의 첫 번째 스크립트는 사랑과 액션, 재미를 포함한 태국 영화 스타일의 4분 길이 정도였다. 광고주에게 보여 주었을 때 반응은 좋았지만 매체비를 절약하기 위해 절반 분량으로 줄이기 원했고, 우리는 광고주의 요구를 받아들였다.

마침내 Black Cat 광고가 완성되었다. 2분 길이의 코믹한 요소와 액션 장면들이 포함되었다. 줄거리는 큰 스케일의 갱스터 영화 같았다. 이 광고를 촬영하는 데 라농(Ranong) 지방의 푸까오야(Phu Kao Ya)에서 몇 주가 걸렸다. 날씨가 덥고 햇빛이 강해서 모두의 피부는 까맣게 그을렸다.

원칙에 따르면 좋은 광고는 짧으면서도 신뢰할 수 있어야 한다. 하지만 이 광고는 그런 모든 원칙들을 깨버렸다.

대부분의 위스키나 맥주 광고는 고급의 브랜드 이미지를 나타내려 하였다. 하지만 Black Cat 광고 'Rit'은 완전히 달랐다. 광고의 길이는 길었고, 바보스런 농담과 함께 스케일 있는 연출기법을 적용했다. 광고는 소비자에게 즉각적인 반응을 얻었고, 우리가 만들려고 했던 태국 스타일의 광고를 발견시키는 계기가 되었다. Black Cat 광고 이후 1990년대의 광고들은 재미있고 명확한 콘셉트를 가지게 되었다. 주인공 역할은 매력이라고는 없는 평범한 이웃 같거나 재미있는 외모를 가진 사람들이 차지했다. 연출은 너무 깔끔하지 않은 그냥 우리가 평상시에 볼 수 있는 장면들로 처리했다.

태국의 'Zab'한 광고들은 태국 음식, 킥복싱 그리고 태국 코미디 쇼와 같다. 매우 풍미가 있다. 초기에는 외국인이 아닌 태국인들을 위해 'Zab'한 광고를 만들었다. 우리는 오직 태국인들만이 광고를 좋아하기 원했다. 하지만 결과는 놀랍게도 전 세계가 'Zab'한 광고를 주목하게 되었으며, 이것은 새로운 원칙이 되었다. 태국스러운 광고, 그것은 바로 갑작스럽게 허를 찌르며 여운이 오래 남는 킥복싱 같은 광고이기 때문이다.

Chapter
22

오늘날 광고와 엔터테인먼트는 콘텐츠의 유사성 때문에 웹사이트,
온라인 게임, 바이럴 마케팅 등의 형태로 경계가 허물어지고 있다.
'주목의 경제성'을 위해 최근에 출범시킨 Proximity Thailand 회사
홍보에서 사장인 롱의 얼굴을 후려칠까 하는 아이디어까지 나왔다.
우리의 광고가 도시에서 화젯거리가 되는지를 과거처럼 무작정 앉아
기다릴 수만은 없지 않은가?

Chapter
22

The Future of Advertising

# 광고의 미래

"우리는 이제 사람들에게 더 이상 광고를 보라고 강요할 수 없습니다."

BBDO 북아메리카 지사의 CCO이자 회장인 데이비드 루바르(David Lubar)는 말했다. 우리는 로스앤젤레스에서 1년에 한 번 열리는 BBDO의 세계회의에 참석하고 있었다.

"세상은 효과 없고 형편없는 광고들로 넘쳐나고 있습니다. 우리는 사람들이 찾는 광고를 만들어야 합니다."

데이비드는 뉴욕의 광고회사 Fallon에서 근무하던 시절 BMW의 'The Hire'라는 인터넷 단편영화 시리즈로 광고의 새로운 트렌드를 만들었다. 엄청나게 많은 사람들이 데이비드의 인터넷 단편영화 시리즈를 다운 받으려 웹사이트에 접속해 사이트가 자주 다운되기도 했다. 그 캠페인은 전 세계적으로 인기를 끌었고, 이 사례는 미국 광고의 하나의 전환점이 되었다.

오늘날 광고와 엔터테인먼트는 콘텐츠의 유사성 때문에 자연스럽게 웹사이트, 온라인 게임, 바이럴 마케팅(viral marketing) 형태로 경계가 허물어지고 있다. 바이럴 마케팅은 주변의 친구들이나 다른 사람들에게 입소문을 내게 해서 메시지를 퍼뜨리게 하는 것이다. 바이러스처럼 정보를 빠르게 퍼뜨리기 때문에 이런 이름을 얻었다.

"오늘날은 '주목의 경제성(attention economy)'의 시대입니다. 그러므로 '주목의 경제성'을 위해 주목될 수 있는 콘텐츠를 만들어 내는 일에 집중해야 할 것입니다."

BBDO Worldwide CEO인 앤드루 로버트슨(Andrew Robertson)은 광고 산업의 현재를 이렇게 묘사하고 있었다.

복잡하고 변화무쌍한 첨단기술 시대의 광고와 매체는 소비자들의 마음을 사로잡아야 한다. 이러한 BBDO의 목적을 이루려면 어떠한 형태의 매체든 활용 가능한 콘텐츠 개발을 위해 지속적으로 노력해야만 한다.

미국 마이애미의 Crispin, Porter, and Bogusky의 알렉스 보거스키(Alex Bogusky)는 원대한 비전을 가지고 그의 빅 아이디어를 위해 새로운 종류의 신생 매체를 활용하는 크리에이터이다. 그는 광고주인 미니(mini cooper)와 버거킹의 메시지를 퍼뜨리기 위해 소비자를 사로잡을 수 있는 콘텐츠를 꾸준히 개발해 내고 있다.

우리 회사는 유명한 크리에이터들을 뛰어넘기 위한 노력을 한다. 그래서 인도 출신의 아트 디렉터인 라즈는 사무실 게시판에 알렉스의 작품들을 게시한다. 그리고 그 옆에 사타구니에 핀이 꼽힌 알렉스를 닮은 작은 부두(Voodoo) 인형이 걸려 있는 걸 볼 수 있다(미안, 알렉스. 만약 거기가 아프다면 라즈가 알렉스를 견제하는 수단이에요).

우리 회사의 젊은 크리에이터들은 매우 적극적이다. 나는 늘 직원들에게 다른 나라 크리에이터들과 경쟁하기 위해 생각하고 새로운 아이디어를 창조하라고 자극한다. 할 수 있다는 생각만이 경쟁에서 이길 수 있는 유일한 길이기 때문이다.

태국의 광고는 여전히 TV, 신문, 잡지, 라디오와 옥외매체 등의 전통적인 매체를 사용한다. 앞에서 언급했듯이 태국인들은 TV의 노예다. 하지만 언제까지나 현실에 안주할 수는 없다. 새로운 세계를 맞이하기 위해서는 지금부터 인터넷과 다른 온라인 매체를 이용하는 아이디어를 발상하기 시작해야 한다.

새로운 세상에 적합한 광고를 만들기 위해 우리는 최근에 Proximity Thailand라는 자회사를 출범시켰다. Proximity는 바이럴 마케팅, 다이렉트 마케팅(direct marketing), CRM(Consumer Relationship Management), 이벤트, 홍보와 온라인 광고에 초점을 맞추게 된다.

나는 사장인 롱(Rong)을 위해 회사를 홍보하는 아이디어를 생각해 냈다. 빅 아이디어는 '새로운 세상을 위한 광고(Advertising for the New World)'였다.

기자회견 일정을 잡아 모든 사람을 〈스타 트렉(Star Trek)〉에 나오는 주인공들처럼 반짝이는 은빛 의상을 입힌다. 그리곤 기자회견 도중에 'Old World'에서 온 크리에이터가 갑자기 끼어들어 롱의 얼굴에 주먹을 날린다. 왜냐하면 그들이 'Old World'라고 분류되는 것이 불쾌했기 때문이다. 이 이벤트는 확실히 큰 뉴스거리가 될 것이다.

이 아이디어를 롱에게 전했다. 롱은 약간 불편해 하면서 턱을 만지기 시작했다. 다치는 것이 두려운 모양이다. 나는 롱에게 떠오르는 별이 될지, 지는 별이 될지 선택하라고 말했다.

"누가 나를 때릴 건지 정했습니까?"

그가 되물었다. 겁을 먹고 있나 보다.

"직업이 없는 배고픈 크리에이터들일걸. 나는 당신이 그들에게 '한물갔다'고 말했다고 전해 줄 거고."

"제정신입니까?"

그가 말했다.

"그렇게 되면 한 대만 맞겠어요? 맞아 죽을지도 모르죠."

롱에게 이렇게 하면 우리의 메시지가 제대로 살 것이고, 큰 뉴스거리가 될 수 있다고 계속 설득했다. 사람들이 이 일에 대해 이야기할 것이고, 기자회견을 비디오테이프에 녹화해서 폭행사고 장면을 바이럴 이메일로 뿌리자고도 했다.

아이디어 설명을 마치자마자 롱은 재빨리 자리를 떴다. 며칠 정도 집에서 생각할 시간이 필요하다고 했다. 솔직히 내게는 더 심한 아이디어도 있었다. 폭행 사고 후 롱의 얼굴을 때리는 온라인 게임을 올리는 것이다. 이를 위해 'New World에 사는 광고인의 얼굴을 공개하다'라는 작은 웹사이트를 개설하고 롱의 얼굴을 때리고 싶어 하는 광고주들의 목록을 올린다. 얼굴을 가장 많이 때린 광고주한테는 롱이 프레젠테이션이나 워크숍을 무료로 해 줄 수 있도록 하고도 말이다. 나는 이런 방법으로 신규 광고주를 개발할 수 있다고 확신했다.

내 아이디어가 약간 이상하게 들릴지도 모른다. 하지만 효과가 있다는 것은 자신 있다. 다른 이들이 감히 못하거나 시도조차 하지 않는 일을 하는 게 우리 아닌가? 빅 아이디어를 찾아서 새로운 방법을 제시하고 사람들의 입에 오르내릴 수 있게 해야 한다.

우리의 광고가 언제쯤 화젯거리가 되는지를 과거처럼 무작정 앉아 기다릴 수만은 없지 않은가?

■ 지은이 소개


## Suthisak Sucharittanonta

Chairman/Chief Creative Officer, BBDO 방콕


1998년과 2002년 Campaign Brief Asia지에서 아시아 태평양 최고의 크리에이터로 선정. 최근 Bangkok Art Director's Association 명예의 전당에 헌정.


2006년 ADFEST에서 Maglite Flashlights 광고가 the Best in Print상을 받는 등 최다 수상 대행사로 선정.

2004년 The Gunn Report 선정 세계 8위의 Creative 대행사로 BBDO 방콕 선정, 2004~2005년 태국의 광고제 Adman에서 가장 상을 많이 받은 광고회사로 BBDO 방콕 선정.

2003년 태국 최초로 Cannes에서 필름 부문 황금사자상 수상.

1998년 BBDO 방콕의 Chief Creative Officer.

  Cannes, Clio, One Show 등을 포함한 권위 있는 광고상 다수 수상.

1994년 Ogilvy & Mather 자회사 Results Advertising에 참여. Cannes, Clio, One Show 등 저명한 광고제에서 수상. 그중에서 특히 Black Cat Whisky의 'I-Rit' 편으로 Media Spikes에서 Best of Show 수상.

1988년 Ogilvy & Mather 방콕으로 옮겨 Art Director 및 Copywriter. 1992년에 Creative Director로 승진.

1987년 Lintas 방콕에 Art Director로 근무.

1985년 Dentsu 태국에 비주얼라이저로 입사.

## 이동수

Chief Creative Officer/Founder, Asia Republic

20여 년 동안 Debeers, Kodak, Amore Pacific, Chrysler, Coca Cola, Levi's, P&G, Unilever, LG전자 그리고 S-Fone(SK텔레콤 베트남 사업 부문) 등과 같은 다수의 광고주를 담당했다. 국내뿐 아니라 많은 국제 광고제에서 심사위원을 역임하였으며, Cannes, Clio, D&AD 그리고 ADFEST와 같은 권위 있는 광고제에서 다수 수상했다. 그의 작품들은 D&AD, One Show, Campaign Brief Asia 그리고 연간 수상작 모음집 The Work에서 만나볼 수 있다.

계원예술대학과 중앙대학교 연극영화과, 세종대학교 신문방송학과에서 Creative를 강의하였으며, 광고 관련책 『광고 제대로 만들기』, 『크리에이티브 디렉터들과의 대화』를 쓰기도 했다. 단편영화 〈올빼미〉를 직접 연출, 부산국제영화제에 공식 초청되었다. 또 MTV, Carrefour 그리고 Unilever의 Dove 등 여러 편의 광고를 직접 연출하기도 했다.

2009년부터 부산국제광고제(AD STARS) 집행위원과 미쟝센 단편영화제 자문위원으로 활동하고 있다.